Gloire et mystère de l'Inde

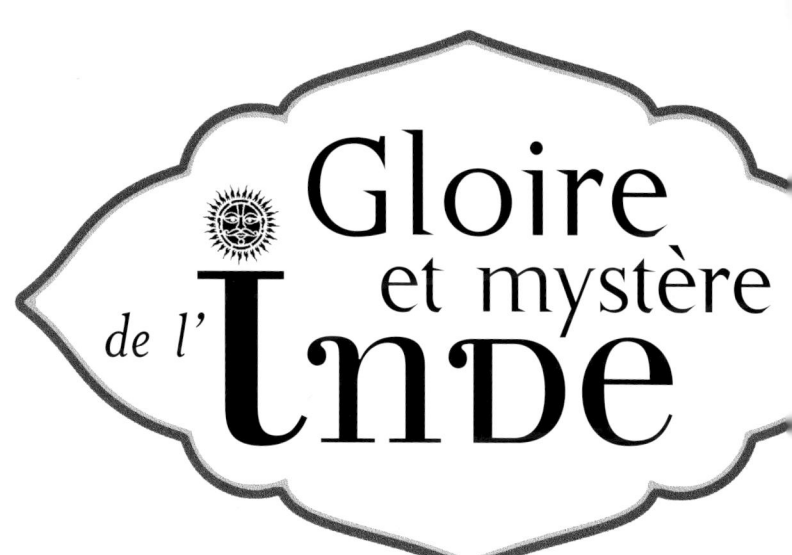

Les personnes intéressées par
la matière du présent ouvrage
sont invitées à s'adresser à :

France
230 Avenue de la Division Leclerc
95200 Sarcelles
paris@pamho.net
krishnaparis.com

La Nouvelle Mayapura
Domaine d'Oublaisse
36360 Luçay le Mâle
+33 (0)2 54 40 23 95
newmayapur.fr

Belgique
Château de Petite Somme
6940 Septon (Durbuy)
+32 (0)86 32 29 26
radhadesh@pamho.net
radhadesh.com

Suisse
Bergsrrasse 54
8032 Zürich
+41 (0)44 262 33 88
kgs@pamho.net
krishna.ch

Canada
1626 boul. Pie IX
Montréal, Québec
+1 514 521 1301
iskconmontreal@gmail.com
iskconmontreal.ca

Copyright © 2011
The Bhaktivedanta Book Trust
International, Inc.

www.krishna.com

www.bbt.se

ISBN 978-91-7149-521-1

*À Shrila Prabhupada,
qui ammena la gloire
de l'Inde sur les
rives de l'Occident*

*Et à Vrinda,
qui ammena Pratima
sur ces mêmes rivages.*

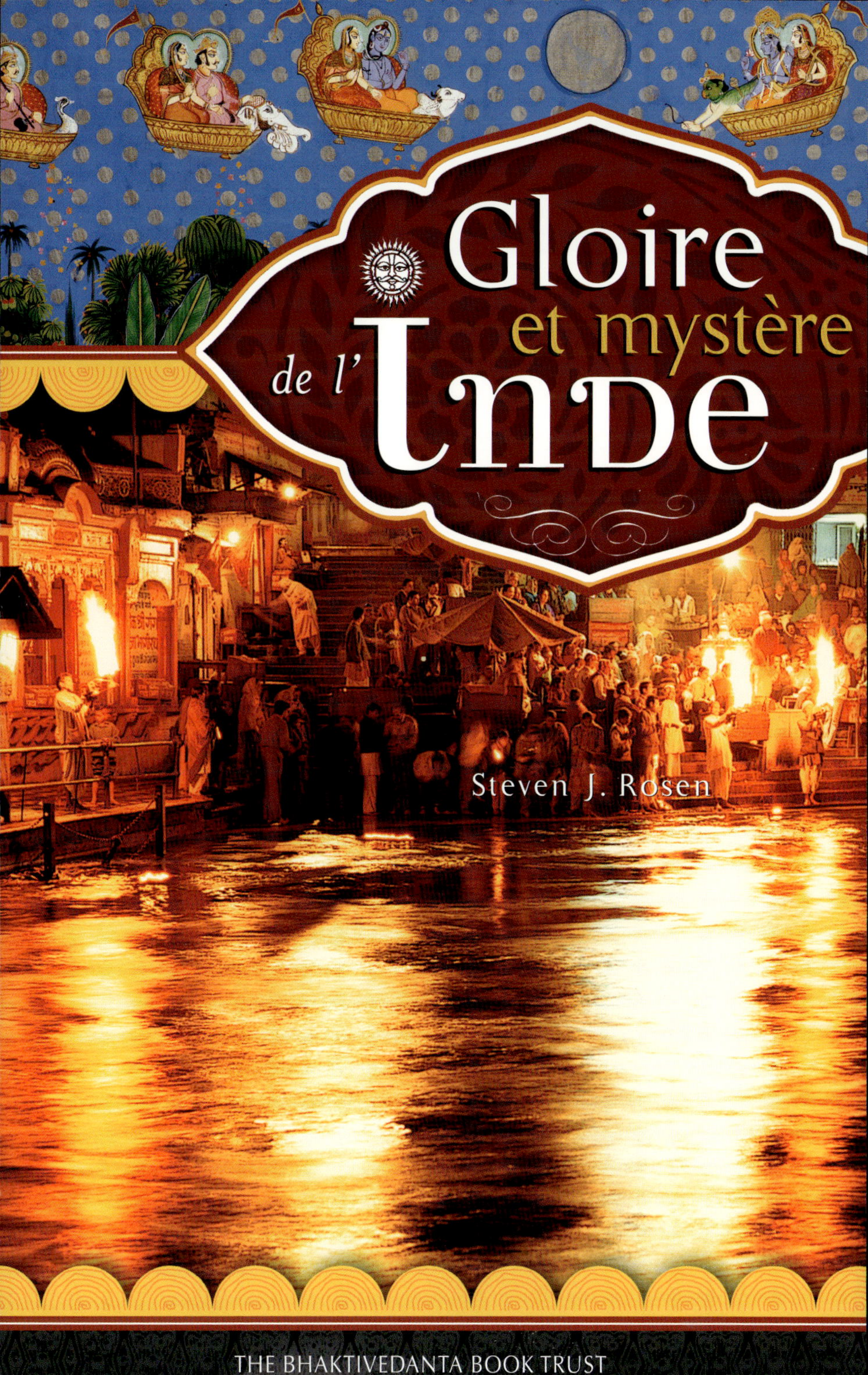
Gloire
et mystère
de l'Inde
Steven J. Rosen
THE BHAKTIVEDANTA BOOK TRUST

Table des matières

- 6   INTRODUCTION
- 8   L'INDE SPIRITUELLE
- 10   L'HINDOUISME

Les textes sacrés : 1

- 14   Les Écritures védiques
- 16   Le Shrimad Bhagavatam
- 18   Le Bhagavatam : son contenu
- 20   Le Mahabharata
- 22   La Bhagavad-gita
- 24   Les commentaires sur la Gita
- 26   Le Ramayana
- 28   Les autres récits de l'épopée de Rama

Les origines du vaishnavisme : 2

- 32   Le vaishnavisme ancestral du Sud
- 34   Le vaishnavisme ancestral du Nord
- 36   Bouddha et Shankara
- 38   Les acharyas

Le Divin : 3

- 42   Les trois aspects de Dieu
- 44   Les trois aspects : une analogie
- 46   Shri Krishna
- 48   Les émanations de Krishna
- 50   Les avatars de Vishnou
- 52   Nrishimha avatar
- 54   La déesse originelle
- 56   Radha
- 58   Les gopis
- 60   Tulasi Devi

Les dévas : 4

- 64   Les dévas
- 66   Shiva
- 68   Durga
- 70   Maya
- 72   Ganesh
- 74   Brahma
- 76   Saraswati
- 78   Hanuman

Le temps et l'espace : 5

- 82   Les quatre âges
- 84   Le temps
- 86   La cosmologie védique
- 88   Le monde spirituel
- 90   Karma et réincarnation

L'avatar secret : 6
- 94 Shri Chaitanya : une introduction
- 96 La vie de Shri Chaitanya
- 98 Les enseignements de Shri Chaitanya
- 100 Les Six Goswamis
- 102 La bhakti : l'amour dévotionnel

Les lieux saints : 7
- 106 Les temples
- 108 L'architecture sacrée
- 110 Vrindavan
- 112 Navadwip
- 114 Mayapur
- 116 Le Gange
- 118 Jagannath Puri
- 120 Le festival des chars
- 122 Voyage et séjour

Les arts : 8
- 126 Les beaux-arts
- 128 La poésie
- 130 Le théâtre
- 132 La danse
- 134 La musique

Les pratiquants : 9
- 138 Qu'est-ce qu'un dévot ?
- 140 Le principe du guru
- 142 Shrila Prabhupada
- 144 Les sadhus
- 146 Les femmes
- 148 Jésus en Inde ?

Pratiques et enseignements : 10
- 152 Le varnashram
- 154 Le yoga
- 156 Le système du yoga : les huit phases de l'ashtanga yoga
- 158 La méditation
- 160 Mandalas et yantras
- 162 Idoles et divinités
- 164 L'adoration de la Divinité
- 166 Les langues
- 168 L'habillement
- 170 La vache sacrée
- 172 Le végétarisme
- 174 Les festivals
- 176 Les modes d'influence de la nature
- 178 L'Ayurvéda
- 180 L'astrologie védique
- 182 Le mantra Gayatri
- 184 Le son
- 186 Le chant du saint nom
- 188 Le maha-mantra

- 190 Postface

Introduction

Dans les années cinquante, un érudit autrichien du nom de Walther Eidlitz publiait un livre intitulé *Unknown India*, « L'Inde inconnue », dans lequel il parlait de sa quête de la vérité et de sa relation avec Shri Maharaj, son guru, qu'il rencontra dans l'Himalaya dans les années trente. On connaît ce schéma : un Occidental en quête de vérité trouve un maître en Inde et décide d'adopter une forme traditionnelle de spiritualité orientale.

Mais l'histoire ne s'arrête pas là. Les années passent et Eidlitz se retrouve dans une Inde déstabilisée par la Seconde Guerre mondiale. Placé dans un camp de prisonniers pendant près de six ans, il y rencontre Sadananda, un prisonnier allemand vêtu à l'indienne. Se liant d'amitié avec Eidlitz, Sadananda lui fait connaître le *vaishnavisme* (l'adoration de Vishnou ou Krishna). Initié à cette tradition ésotérique par Shrila Bhaktisiddhanta Sarasvati Thakur, un saint et érudit du Bengale, Sadananda désire partager son savoir avec les autres et tout spécialement avec Eidlitz. Ce dernier qualifiera d'ailleurs de « grâce dynamique » le zèle de Sadananda.

Impressionné par le savoir et la sagesse de Sadananda, Eidlitz estime que celui-ci a ajouté à la connaissance qu'il avait lui-même reçue de Shri Maharaj. Il accepte donc Sadananda comme son nouveau guru. Ainsi, « l'Inde inconnue » dont traite Eidlitz dans son livre n'est ni le pays exotique en soi ni les enseignements communément associés à l'hindouisme. C'est le *vaishnavisme* qu'Eidlitz en était venu à voir comme la gloire de l'Inde.

On ne s'en demande pas moins pourquoi le *vaishnavisme* serait considéré comme « inconnu ». Le *Britannica Book of the Year* de 1996 affirme que les *vaishnavas* forment 70 % des 800 millions d'hindous (25 % sont des shivaïtes, ou adorateurs de Shiva ; 2 % sont des néo-hindous ou des hindous non orthodoxes de différentes tendances ; et le reste est formé d'adeptes de différentes religions indo-aryennes). Ainsi le *vaishnavisme* constitue la majorité du monde hindou. Néanmoins, le terme « *vaishnavisme* » et la tradition qu'il désigne demeurent peu connus de l'Occident. Ceci est dû en partie au Parlement Mondial des Religions de 1893 organisé à Chicago, auquel Swami Vivekananda de la Mission Ramakrishna participa comme

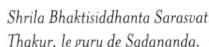
Shrila Bhaktisiddhanta Sarasvati Thakur, le guru de Sadananda.

représentant de l'hindouisme. Vivekananda y présenta à l'Occident un hindouisme qui embrassait une pléthore de dieux et ultimement l'Advaita Vedanta (une vision impersonnelle de la réalité). Si l'on avait invité un *vaishnava* à cette assemblée déterminante de représentants religieux, l'Occident aurait peut-être aujourd'hui une perspective très différente de l'hindouisme.

Par contraste avec l'«hindouisme» de Vivekananda, le *vaishnavisme* est non seulement monothéiste, mais aussi hautement personnaliste dans sa vision de Dieu : Krishna a peut-être de nombreux *avatars* (incarnations) et émanations, mais on le considère comme le Seigneur Suprême et unique, le Père de tout ce qui vit et le Créateur du cosmos.

Pour conclure, même si le *vaishnavisme* n'est pas la forme d'hindouisme la plus connue, il n'en demeure pas moins une tradition religieuse des plus riche et des plus importante de l'Inde.

Contrairement aux nombreux livres qui traitent de l'Inde ou de la spiritualité orientale, le présent ouvrage se concentre directement sur la tradition *vaishnava* et sa manifestation la plus récente et la plus influente : ISKCON (International Society for Krishna Consciousness), la Fédération Internationale pour la Conscience de Krishna, fondée en 1966 par Shri Shrimad A.C. Bhaktivedanta Swami Prabhupada (connu de tous sous le nom de Shrila Prabhupada) qui, soit dit en passant, fut également initié par le guru de Sadananda, Shrila Bhaktisiddhanta Sarasvati Thakur.

Le lecteur connaît peut-être déjà les images de Krishna, Shiva, Ganesh et Brahma, entre autres, mais celles-ci vont revêtir une nouvelle signification lorsqu'elles seront décrites dans ces pages en fonction de leur origine *vaishnava*.

Le *vaishnavisme* est considéré par

> Même si le vaishnavisme n'est pas la forme d'hindouisme la plus connue, il n'en demeure pas moins une tradition religieuse des plus riche et des plus importante de l'Inde.

ses adeptes comme une tradition théiste, aussi universelle que non sectaire. À l'origine, cette tradition porte le nom de Sanatan Dharma : «l'éternelle religion», ou «la fonction éternelle de l'âme». Les *vaishnavas* la voient comme une vérité universelle qui s'applique autant à l'Orient qu'à l'Occident. À titre d'exemple, Krishna est vu non comme un dieu «indien» mais comme le même Dieu qu'on adore dans la tradition judéo-chrétienne. Brahma, Shiva, Ganesh et les autres divinités sont considérés comme des êtres très élevés semblables aux anges. C'est cette spiritualité *vaishnava* globale que le présent ouvrage cherche à présenter, en se concentrant plus spécifiquement sur le *vaishnavisme gaudiya* – la religion préconisée par Shri Chaitanya Mahaprabhu (1486-1533) qu'on vénère comme un *avatar* de Krishna.

Shri Chaitanya Mahaprabhu

L'Inde spirituelle

« **Il y a vingt-cinq siècles,** l'Inde était déjà célèbre. Pendant que Babylone rivalisait avec Ninive pour la suprématie, que Tyr établissait ses colonies et qu'Athènes augmentait sa puissance, avant que Rome ne soit connue ou que la Grèce ne soit aux prises avec la Perse, avant que Cyrus n'ajoute du lustre à la monarchie perse, ou que Nabuchodonosor ne se soit emparé de Jérusalem… elle avait déjà **acquis la grandeur sinon la gloire.** » – *M. A. Sherring (1868)*

La spiritualité imprègne tous les aspects de la culture de l'Inde, que ce soit la vie familiale et sociale ou la politique. Pour l'indien moyen, la religion est l'expression de la vérité universelle, le prolongement aussi profond que complexe de l'âme. La religion de l'Inde englobe tellement tout qu'elle absorbe ses fidèles de façon toute autre que les traditions religieuses d'Occident. Selon Peter Occhiogrosso, auteur à succès et spécialiste des religions comparées :

Dans toute étude des religions du monde, l'Inde mérite une attention particulière. Selon un sondage Gallup récent, aucun autre pays n'a un pourcentage aussi élevé de personnes interrogées qui considèrent la religion comme « très importante » dans leur vie. Les États-Unis viennent en 2ᵉ position. Sur quelque 850 millions [maintenant 1 milliard] d'habitants, 680 [maintenant plus de 800] millions, c'est-à-dire 80 %, sont hindous. Les historiens reconnaissent que les plus anciennes civilisations ayant laissé des traces écrites ont prospéré presqu'à la même époque en Mésopotamie et dans la vallée de l'Indus (Inde du Nord). Mais, contrairement aux découvertes de la région de l'Indus, on ne retrouve en Mésopotamie aucune trace d'une religion mystique pratiquée par les Sumériens. Les plus anciens enseignements mystiques documentés au monde proviennent donc de l'Inde. [1]

Les enseignements spirituels intemporels de l'Inde ont exercé un attrait sur des millions d'êtres, depuis l'ascète qui chemine sur les sentiers neigeux de l'Himalaya jusqu'au mendiant austère méditant sur les rives paisibles du Gange.

Note
1. Peter Occhiogrosso. *"The Joy of Sects: A Spirited Guide to the World's Religious Traditions"*, p.1. (New York: Doubleday, 1994)

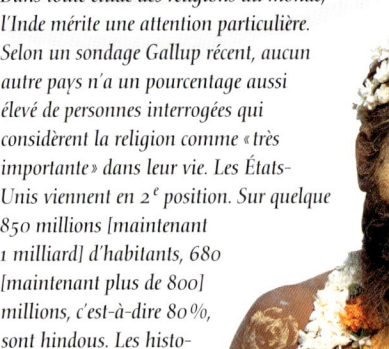

La religion en Inde

La majorité des gens en Inde sont hindous (terme impropre, comme l'expliquera la page suivante). L'hindouisme même est qualifié de « musée des religions », allusion au fait qu'on découvre sous ce nom générique plusieurs traditions distinctes : l'adoration de Vishnou (le vaishnavisme), le culte de la déesse (le shaktisme) ou de Shiva (le shivaïsme) et plusieurs autres cultes mineurs et sectes régionales.

Ces religions virent le jour en Inde comme d'ailleurs plusieurs traditions ultérieures : le bouddhisme, le jaïnisme et le sikhisme (les deux premières datant de 2 500 ans et la troisième du XVe siècle). Le bouddhisme et le jaïnisme professent surtout la moralité et l'éthique, spécialement l'*ahimsa* ou la non-violence envers tous les êtres vivants. Le sikhisme est un intéressant mélange de croyances hindoues et islamiques. L'Inde compte quelque six millions de bouddhistes, trois millions de jaïns et seize millions de sikhs.

Les religions « adoptées » de l'Inde – le zoroastrisme, l'islam, le christianisme et le judaïsme – ont aussi leur place dans son paysage spirituel. Le zoroastrisme, religion des parsis, est né dans la Perse antique. Son fondateur, Zarathoustra, mit l'accent sur la lutte opposant le bien au mal. On compte aujourd'hui en Inde quelque 85 000 parsis.

Les leaders islamiques envahirent l'Inde au XIIe siècle. Avec un succès irrégulier au fil de nombreux siècles, les musulmans constituent de nos jours 11 % de la population indienne. Ce qui fait de l'islam la plus grande religion minoritaire du pays.

Bien qu'on ait cru autrefois que le christianisme fut apporté en Inde par l'apôtre Thomas en l'an 52, plusieurs érudits estiment désormais que cette religion y fit son apparition au IVe siècle grâce à un marchand syrien nommé Thomas Cana, qui se rendit à Kerala avec 400 familles et y établit l'*Indian Syrian Orthodox Church*. Actuellement, on compte quelque 18 millions de chrétiens en Inde, dont la plupart habitent le Sud. La population juive de l'Inde est minime (25 000 en tout peut-être) ; on l'aperçoit surtout dans les régions où l'on parle le marathe et le malayalam.

Célébration religieuse, la nuit, sur les rives du Manasi-ganga à Govardhan, Uttar Pradesh.

L'« hindouisme »

Notons ici qu'on ne retrouve aucune trace du terme « hindou » dans les textes ou les langues classiques – dont le sanskrit et le tamoul – de l'Inde antique. En fait, le mot « hindouisme » n'a aucune origine en Inde. Il n'en perdure pas moins et des traditions spirituelles aussi diverses que le vaishnavisme, le shivaïsme, le jaïnisme et le shaktisme en sont qualifiées. On peut l'employer par souci de commodité, mais en dernière analyse il s'avère inexact.

Shri Shrimad A.C. Bhaktivedanta Swami Prabhupada, fondateur et précepteur spirituel du Mouvement Hare Krishna, le considère comme un terme impropre :

« En Inde autant qu'à l'étranger, les indiens s'imaginent parfois que notre mouvement se fait l'apôtre de l'hindouisme, mais il n'en est rien en vérité. On ne rencontrera pas une seule fois le mot « hindou » dans toute la Bhagavad-gita. En réalité, il fut introduit dans le langage courant par les musulmans des provinces voisines de l'Inde, dont l'Afghanistan, le Balouchistan et la Perse. Le fleuve marquant la frontière nord-ouest de l'Inde s'appelle le Sindhu (de nos jours l'Indus), mais à cause d'un défaut de prononciation, les musulmans de l'endroit en ont fait l'Hindu et les habitants des terres ainsi délimitées furent dès lors nommés hindous. »[1]

Cette explication de Prabhupada n'est pas une invention de sa part. De telles explications sont bien connues des érudits en matière de traditions de l'Inde.

À titre d'exemple, Pandit Rajmani Tigunait abonde dans ce sens dans *Seven Systems of Indian Philosophy* :

« L'usage populaire courant du terme hindouisme ne correspond pas à son sens originel. Quand Alexandre le Grand envahit le sous-continent vers 325 av. J.-C., il franchit le fleuve Sindhu qu'il renomma Indus pour en faciliter la prononciation par les Grecs. Les armées macédoniennes d'Alexandre ont par la suite appelé le pays à l'est du fleuve, l'Inde. Plus tard, les envahisseurs musulmans renommèrent ce même fleuve Hindou car dans leur langue, le parsi, le son sanskrit s se change en h. Ainsi, Sindhu devint Hindu pour l'envahisseur et le pays à l'est du fleuve fut connu sous le nom d'Hindoustan. »[2]

Ce concept est aussi exprimé par l'historien C. J. Fuller, qui souligne le fait que le mot « hindou » revêtait à l'origine un sens géographique, et non culturel ou religieux. De plus, il montre l'usage pratique de ce terme pour séparer les musulmans des autres peuples de l'Inde :

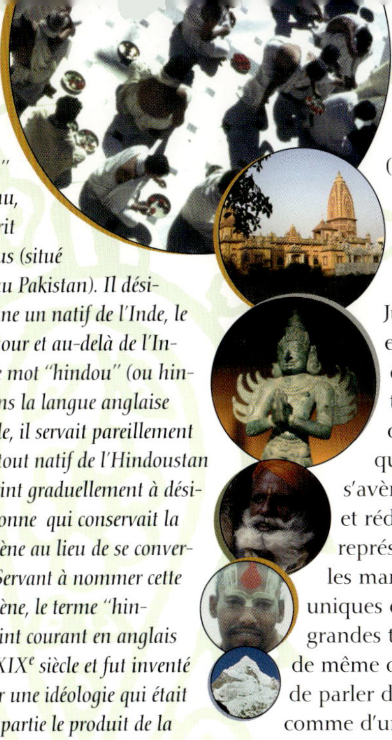

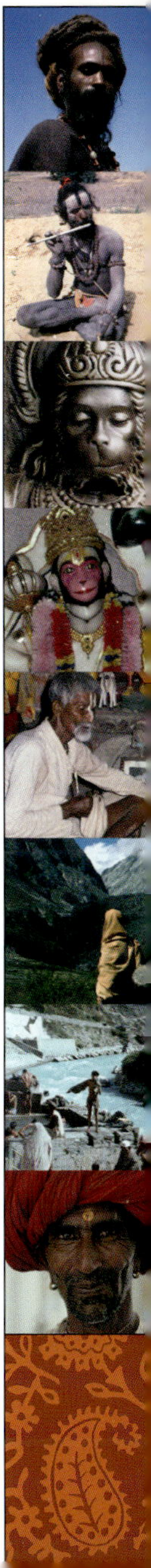

*« Le mot perse "hindou" vient de Sindhu, le nom sanskrit du fleuve Indus (situé aujourd'hui au Pakistan). Il désignait à l'origine un natif de l'Inde, le pays situé autour et au-delà de l'Indus. Quand le mot "hindou" (ou hindoo) entra dans la langue anglaise au XVII*e *siècle, il servait pareillement à dénommer tout natif de l'Hindoustan (Inde), mais vint graduellement à désigner une personne qui conservait la religion indigène au lieu de se convertir à l'islam. Servant à nommer cette religion indigène, le terme "hindouisme" devint courant en anglais au début du XIX*e *siècle et fut inventé pour identifier une idéologie qui était elle-même en partie le produit de la pensée orientaliste d'Occident, qui construisit (incorrectement) l'hindouisme d'après le modèle des religions occidentales, particulièrement le christianisme. En d'autres mots, l'hindouisme vint à être vu comme un système unique de doctrines, croyances et pratiques équivalentes à celles qui constituent le christianisme et désormais, le terme "hindou" spécifiait clairement l'affiliation religieuse d'un Indien. »*[3]

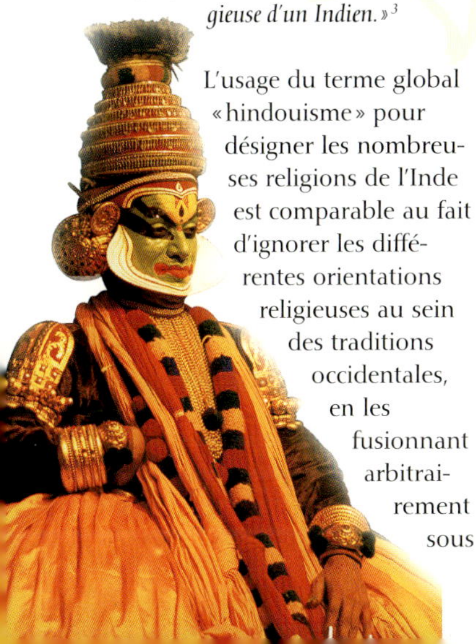

L'usage du terme global « hindouisme » pour désigner les nombreuses religions de l'Inde est comparable au fait d'ignorer les différentes orientations religieuses au sein des traditions occidentales, en les fusionnant arbitrairement sous une seule bannière (par exemple « le sémitisme » qui, comme « l'hindouisme », dénote simplement un site géographique). Judaïsme, christianisme et islam entre autres constituent les diverses traditions religieuses de l'Occident. De même que le terme sémitisme s'avère trop générique et réductionniste pour représenter correctement les manifestations religieuses uniques en leur genre des grandes traditions occidentales, et de même qu'il ne conviendrait pas de parler de toutes ces traditions comme d'une seule religion, le terme « hindouisme » est inadéquat.

Ainsi le terme « hindouisme » est-il plus problématique encore que « hindou », car il sous-entend une forme unifiée de religion indienne qu'on pourrait aisément intégrer sous une bannière unique. Vu la variété de religions qui existent actuellement en Inde, comme le *vaishnavisme* et le *shivaïsme*, un seul terme ne peut guère convenir.

Notes

1. *A. C. Bhaktivedanta Swami Prabhupada. « Qu'est-ce que la Conscience de Krishna ? Culte hindou ou culture d'inspiration divine ? » dans « Solutions pour un âge de fer » p.143. (Paris : Éditions Bhaktivedanta).*
2. *Pandit Rajmani Tigunait. "Seven Systems of Indian Philosophy" (Honesdale, Pennsylvanie : The Himalayan International Institute of Yoga, 1983), pp. 4-5. Voir aussi A. C. Bhaktivedanta Swami Prabhupada, « Entretiens à Moscou » dans « Conscience et révolution » p. 70 (Paris : Bhaktivedanta Book Trust, 1973).*
3. *C. J. Fuller : "The Camphor Flame : Popular Hinduism and Society in India", p.10 (Princeton University Press, 1992).*

« Ce qui caractérise particulièrement les textes sacrés, c'est leur pouvoir d'inspiration. Lire les livres religieux constitue une discipline extrêmement efficace, qui tout en nous éduquant, éveille notre ferveur spirituelle. Les Écritures allument le feu de notre dévotion, nous donnent le courage d'intensifier nos efforts et nous font même sentir aussitôt plus près du Divin. Lire les exploits de Krishna s'avère parfois un tel délice spirituel qu'on se sent déjà tout proche de la libération. Méditer profondément sur un passage des Upanishads nous donne l'impression que la réalisation du Brahman est extrêmement accessible. La littérature sacrée agit comme un carburant qui nous permet de progresser de façon constante sur la voie spirituelle. »

Barbara Powell
Faculté de théologie de l'Université de Chicago

Les textes sacrés

1

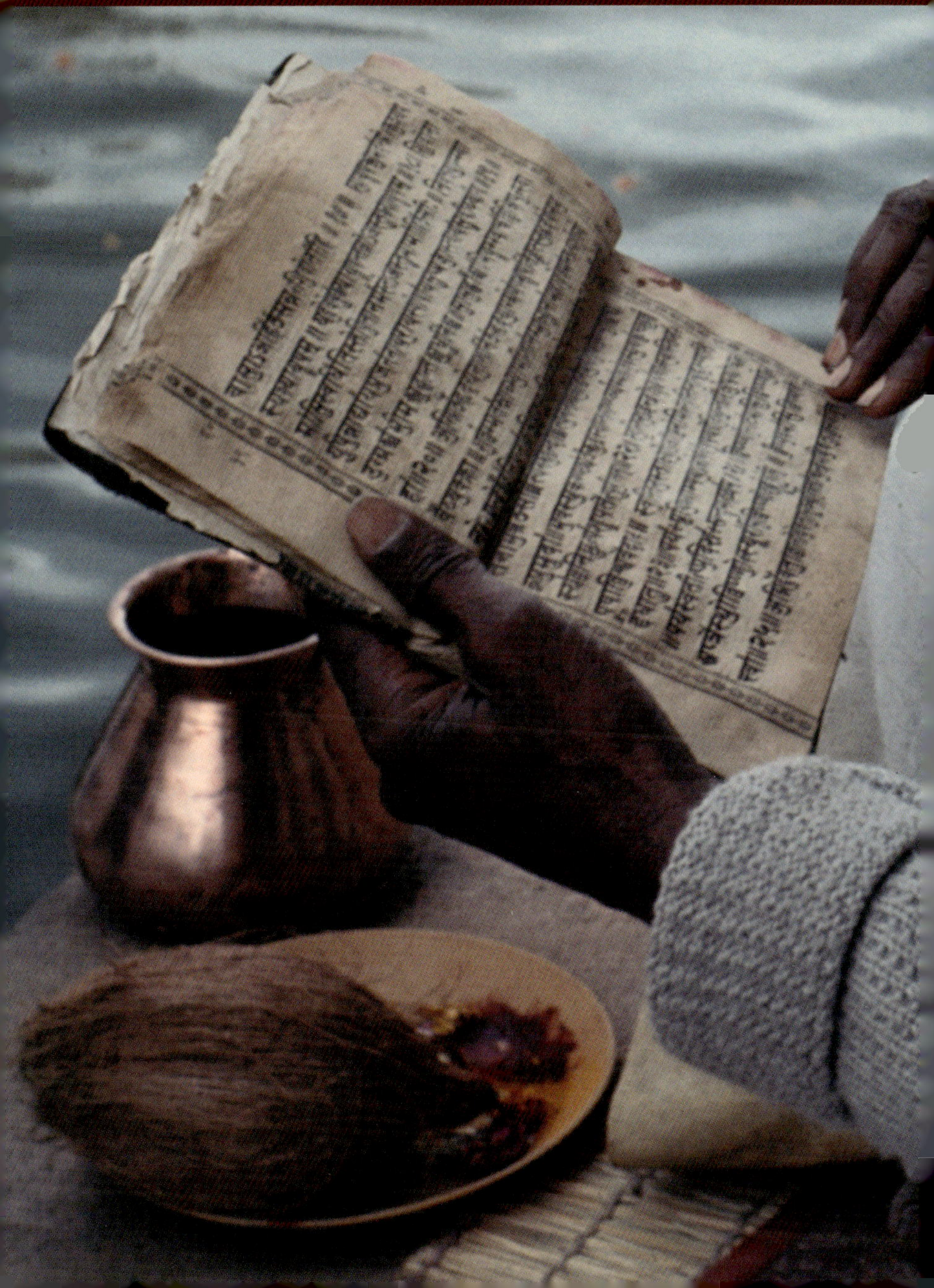

Les écritures védiques

Dans la tradition indienne, la connaissance ésotérique de l'univers a pour nom Véda. Ce mot vient de la racine sanskrite *vid*, qui signifie «connaître» ou «connaissance». Il s'apparente aux mots "wit" (intelligence) et "wisdom" (sagesse) empruntés à l'allemand, ainsi qu'à «idée» (à l'origine *widea*) emprunté au grec, et «vidéo» emprunté au latin (celui qui sait, voit la vérité). Les livres sacrés de l'Inde contenant l'essence du savoir védique sont donc appelés «Védas».

Selon la tradition *vaishnava*, les Védas émanent directement du Seigneur. Le savoir védique fut précieusement transmis de maître à disciple à travers la succession disciplique, ou *parampara*. Les diverses lignées qui ont transmis ce savoir sont appelées *sampradayas*. C'est ainsi que les sages védiques ont cherché à maintenir l'intégrité de leur tradition orale. Le fait est que les Védas, lorsqu'ils sont reçus comme il se doit à travers une succession disciplique, sont libres de toute imperfection et de toute interpolation invariablement associées à la littérature profane.

Le savoir védique fut donné par le Seigneur Suprême au déva créateur Brahma, qui le transmit à son tour à son fils Narada, lequel l'enseigna au sage Vyasa. Celui-ci le coucha par écrit il y a quelque 5000 ans pour le bénéfice des humains des temps modernes. En effet, selon les textes védiques, avant l'ère moderne la mémoire humaine était si remarquable que tout écrit s'avérait superflu. À l'origine, les Védas ne formaient qu'un ouvrage extrêmement volumineux. Pour rendre ce savoir plus accessible, Vyasa le divisa en quatre livres appelés Samhitas : le *Rig Veda* (les plus anciens hymnes sacrés des Védas), le *Sama Veda* (le Véda des mélodies), le *Yajur Veda* (le Véda des rites) et l'*Atharva Veda* (le Véda des incantations). La littérature védique inclut aussi des textes explicatifs : les Brahmanas (traités techniques sur l'accomplissement des offrandes rituelles) et les Aranyakas (traités adressés aux renonçants vivant dans la forêt pour y remplir des vœux).

Font aussi partie de la vaste littérature des Upanishads des textes philosophiques destinés à élucider certains concepts védiques, ainsi que de nombreux Sutras (livres de vérités concises ou aphorismes) dont les *Vedanta-sutras*, les *Shrauta-sutras*, les *Grihya-sutras*, les *Dharma-sutras* et les *Shulba-sutras*. Les Vedangas (sciences auxiliaires associées à l'étude des Védas) sont eux aussi importants. Ils incluent la phonétique (*shiksha*), la métrique (*chandas*), la grammaire (*vyakarana*), l'étymologie (*nirukta*), l'astronomie et l'astrologie (*jyotish*). Il en est de même des Upavedas (sciences non directement reliées à l'étude des Védas) : l'Ayurvéda (la médecine holistique), le *Gandharva-veda* (l'étude de la musique et de la danse), le *Dhanur-veda* (la science militaire) et le *Sthapatya-veda* (l'architecture). D'une importance théologique capitale sont les nombreux Puranas (dont le *Bhagavat Purana*) et les récits épiques (comme le *Mahabharata* – qui inclut la *Bhagavad-gita* – et le *Ramayana*). Les nombreux écrits des *acharyas* (maîtres éclairés) doivent aussi être inclus dans la littérature védique, car ils soulignent et élaborent l'essence d'ouvrages védiques antérieurs et sont donc considérés comme « védiques » dans un sens pratique.

Les versets de chacun des milliers de textes védiques se conforment à de strictes règles de poésie et de métrique, et contiennent des données sur divers thèmes : de la médecine et l'agriculture à un exposé des séquences de temps sur les planètes inférieures et supérieures ; des techniques de yoga et de méditation à des conseils ménagers et des recettes végétariennes ; des explications détaillées d'administration gouvernementale à des instructions magistrales sur la construction et la décoration des temples ou des habitations. Histoire, art dramatique et musical, philosophie complexe, simples leçons d'étiquette et protocole militaire sont tous contenus dans les Védas. Mais, au-delà de tout, la littérature védique explique ce qu'est le *rasa* (la relation unissant l'âme à Dieu, ou l'intense plaisir qui découle d'une relation individuelle avec le Suprême) et la *bhakti* (l'amour et la dévotion) avec force détails, comme une véritable science.

DIVISION DES ÉCRITURES

1. **La Shruti** (les Écrits révélés ou « ce qui est entendu ») :
   - les 4 Samhitas védiques : *le Rig, le Sama, le Yajur et l'Atharva*
   - les Brahmanas
   - les Aranyakas
   - les Upanishads (plus de 108 livres)

2. **La Smriti** (la tradition ou « ce qui est mémorisé ») :
   - les Itihasas (épopées) comme le *Ramayana* et le *Mahabharata* (qui inclut la *Bhagavad-gita*)
   - les Puranas dont 18 Mahapuranas :
   Six Puranas sattviques :
   *le Vishnu Purana
   le Naradiya Purana
   le Bhagavat Purana
   le Garuda Purana
   le Padma Purana
   le Varaha Purana*
   Six Puranas rajasiques :
   *le Brahma Purana
   le Brahmanda Purana
   le Brahma-vaivarta Purana
   le Markandeya Purana
   le Bhavishya Purana
   le Vamana Purana*
   Six Puranas tamasiques :
   *le Matsya Purana
   le Kurma Purana
   le Linga Purana
   le Shiva Purana
   le Skanda Purana
   l'Agni Purana*
   - Les 18 Upapuranas et de nombreux Puranas locaux (*Sthala Puranas*)
   - Les équivalents versifiés des *Dharma-sutras* : la *Manu-smriti*, la *Vishnu-smriti*, etc.

3. **Les Sutras** (aphorismes) :
   - *les Vedanta-sutras, Shrauta-sutras, Grihya-sutras, Dharma-sutras, Shulba-sutras*, etc.

4. D'autres catégories incluent les Vedangas, les Upavedas et les écrits et commentaires des grands *acharyas* à travers l'Histoire.

Le Shrimad Bhagavatam

Le *Shrimad Bhagavatam (Bhagavat Purana)*, ou tout simplement le *Bhagavatam*, est souvent appelé la Bible des vaishnavas. **Véritable encyclopédie,** le *Bhagavatam* couvre un très large éventail de connaissances, y compris l'histoire, la psychologie, la politique, la cosmologie, la métaphysique et la théologie. Ralph Waldo Emerson, fondateur américain du «transcendantalisme» au XIXe siècle, l'exalte en disant qu'on devrait lire le *Bhagavatam* «à genoux».

Les *vaishnavas* enseignent qu'à l'aube de la création, la profonde révélation du *Bhagavatam* fut originellement donnée par Dieu à Brahma, le premier être créé. Brahma transmit l'essence de ce savoir à Narada, lequel l'enseigna à Vyasa, qui compila la littérature védique. Vyasa occupe une place de première importance dans la dissémination historique du «savoir primordial». On dit de lui qu'il divisa l'éternelle sagesse du Véda en quatre sections distinctes. Puis, il résuma l'essence du savoir védique dans des aphorismes appelés *Vedanta-sutras*. Vyasa, cependant, sentait en lui un vide : dans toute sa compilation et sa condensation des textes védiques, il avait omis de se concentrer sur l'aspect personnel de la Vérité Absolue. Ce que confirma Narada, son maître spirituel, qui lui dit qu'il ne serait satisfait qu'après avoir décrit de manière directe le nom, la forme, la renommée et les activités de Krishna, Dieu, la Personne Suprême. Vyasa compila alors le *Shrimad Bhagavatam* – «le fruit mûr de l'arbre du savoir védique», «le roi des livres», «le Purana immaculé» – en guise de commentaire naturel des *Vedanta-sutras*.

Trois récitations ultérieures du *Bhagavatam* en rehaussèrent la douce saveur. La première eut lieu à Badarikashram, dans les hauteurs

Vyasadeva dicte le Shrimad Bhagavatam à Ganesh, son scribe.

Shri Chaitanya Mahaprabhu

de l'Himalaya. Vyasa en fut l'orateur et son fils, Shukadeva, le principal bénéficiaire. La seconde récitation fut accomplie par Shukadeva. Ajoutant ses propres réalisations à ce qu'il avait entendu de son père, il énonça le *Bhagavatam* à Maharaj Parikshit, grand roi condamné à mourir sept jours plus tard sous le coup d'une malédiction. Enfin, la troisième récitation eut lieu dans la forêt de Naimisharanya (sur les rives de la Gomati à Nimsar dans l'Uttar Pradesh). Là, 60 000 sages, conduits par le saint Shri Shaunaka Rishi, s'étaient assemblés pour entendre le message du *Shrimad Bhagavatam* des lèvres de Suta Goswami, un sage qui avait assisté à la narration de Shukadeva pour le bénéfice de Maharaj Parikshit. C'est la totalité de ces trois révélations qui forme le *Bhagavatam* tel que nous le connaissons aujourd'hui.

Aucun autre Purana n'a été résumé en autant de formes ni commenté avec autant de vitalité. En plus de Shridhar Swami, l'un des plus grands commentateurs du *Bhagavatam*, Viraraghava Acharya en a aussi rédigé un commentaire d'une importance particulière.

Sanatan Goswami, un des plus éminents disciples de Shri Chaitanya, avait étudié le *Bhagavatam* avant de rencontrer son maître. Néanmoins, après avoir reçu l'enseignement de Mahaprabhu sur ce texte sacré, il rédigea un de ses ouvrages les plus mémorables, le *Brihad Bhagavatamrita*, un condensé de tout le *Bhagavatam* sous forme de récit. D'autres écrits par Rupa Goswami et Jiva Goswami, les illustres successeurs de Sanatan, se concentrent également sur le *Bhagavatam*. Plus près de nous, le commentaire élaboré de A.C. Bhaktivedanta Swami Prabhupada a rendu le *Bhagavatam* clair et accessible au monde moderne.

Le Shrimad Bhagavatam traduit et commenté par Shri Shrimad A. C. Bhaktivedanta Swami Prabhupada.

Le Bhagavatam son contenu

Le *Bhagavatam* proclame sa nature unique dès le début : *dharmah projjhita-kaitavo 'tra* – « Tout acte de religion que motive une intention intéressée est ici entièrement rejeté. » (1.1.2) Les commentateurs définissent ainsi « l'intention intéressée » : *kama* (les plaisirs des sens physiques et subtils), *artha* (le développement économique), *dharma* (la religiosité ordinaire) et *moksha* (la libération). Ainsi le *Bhagavatam* maintient que la vraie religion, centrée sur la *bhakti* – la dévotion à Krishna – transcende tout objectif matériel, si noble soit-il. Le *Bhagavatam* se concentre exclusivement sur le but ultime de l'existence : l'amour de Dieu.

Les thèmes principaux du *Bhagavatam* sont *sambandha* (la relation qui unit l'humain à Dieu), *abhideya* (le moyen d'éveiller cette relation) et *prayojana* (le but de cette relation).

Le *Bhagavatam* explicite ces thèmes grâce à une révélation complexe qui incorpore les dix sujets traditionnels des Puranas. **1.** *Sarga* : la création originelle où la terre, l'eau, le feu, l'air et l'espace, ainsi que l'énergie matérielle globale (ou la forme universelle de Dieu) sont manifestés. **2.** *Visarga* : la seconde création, œuvre de Brahma, le premier être créé. **3.** *Sthana* : la façon dont le Seigneur maintient l'univers à travers Ses multiples énergies et les descriptions détaillées de celles-ci. **4.** *Poshana* : la relation réciproque entre Dieu et Son dévot, et les pratiques destinées à favoriser cette relation. **5.** *Uti* : une description de l'impulsion à l'action matérielle de l'âme conditionnée. **6.** *Manvantara* : les instructions des Écritures données aux êtres vivants en ce monde. **7.** *Ishanukatha* : les données détaillées sur Dieu, la Personne Suprême, et Ses différentes formes. **8.** *Nirodha* : la résorption de toutes les énergies de la création. Ces puissances de Dieu sont décrites en accordant une attention particulière à la destruction de l'univers matériel. **9.** *Mukti* : les diverses formes de libération, de la cessation des souffrances matérielles jusqu'à la perfection de l'amour de Dieu. **10.** *Ashraya* : la Transcendance, but ultime du savoir, le Divin dans toute Sa plénitude. Les activités de Krishna, joyaux de la splendeur du *Bhagavatam*, y sont décrites.

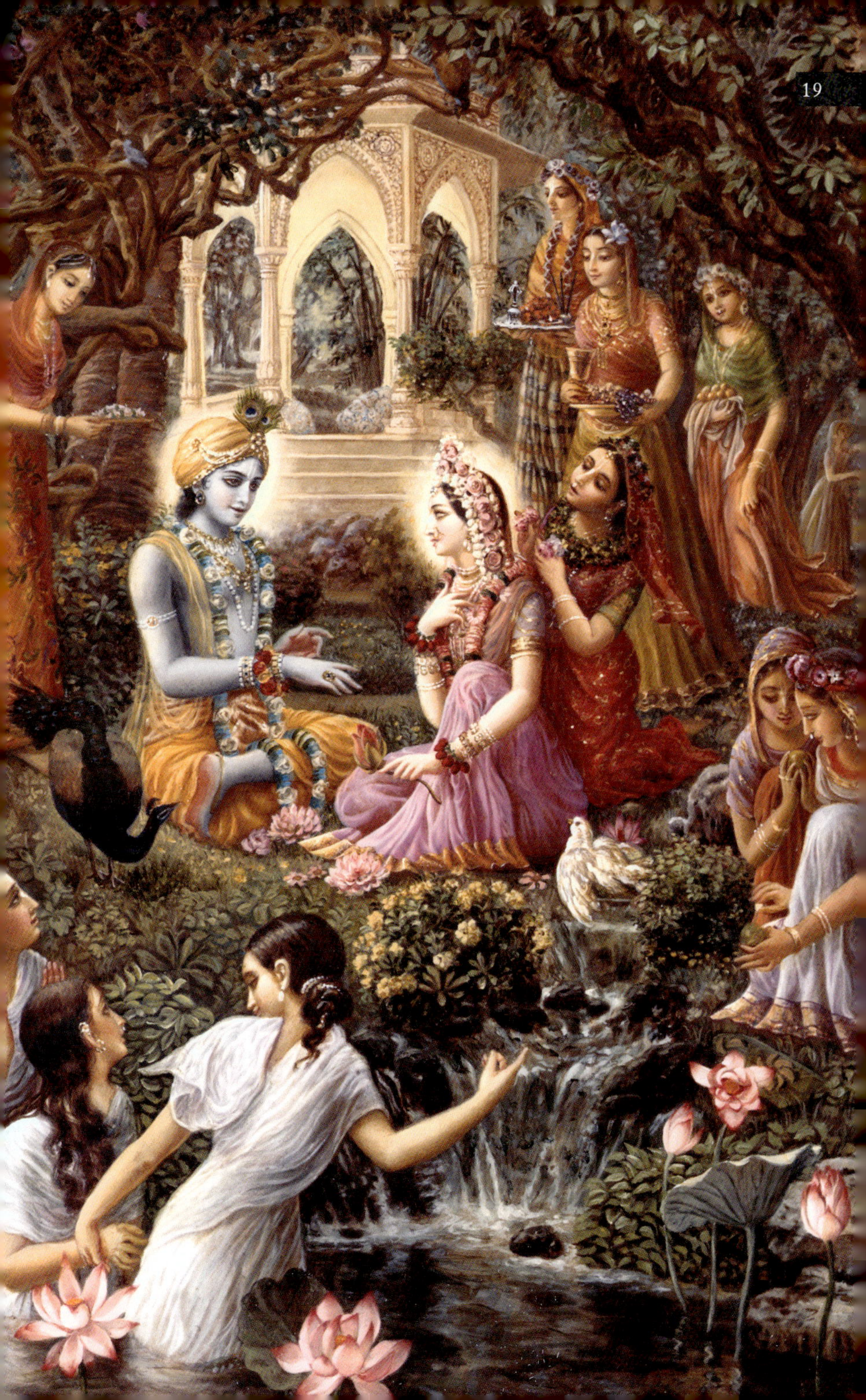

Le Mahabharata

Vaste épopée autant par son contenu que par sa longueur, le *Mahabharata* est désormais le fondement de la religion, de la pensée philosophique et de la mythologie de l'Inde. Formé de 110 000 distiques sanskrits, il s'avère sept fois plus long que l'*Iliade* et l'*Odyssée* réunies ou presque trois fois plus long que la Bible judéo-chrétienne. Considéré par beaucoup comme faisant autant autorité que les Védas, le *Mahabharata* est appelé le «cinquième Véda». Les vaishnavas voient en lui un *itihasa*, un «récit historique».

Dans ses pages volumineuses, le *Mahabharata* traite d'une foule de sujets ; la narration centrale, toutefois, se concentre sur la querelle opposant les Pandavas aux Kauravas, deux clans cousins. Cette querelle se transforme en une guerre civile totale où dieux et hommes, yogis et ascètes aux pouvoirs magiques, brahmanes et princes sont impliqués, ce qui met finalement en péril l'univers entier.

Le *Mahabharata* est traditionnellement interprété de trois façons distinctes. Vu de l'extérieur, c'est l'histoire d'une famille royale impliquée dans une redoutable guerre fratricide. Même à ce niveau apparemment superficiel, le *Mahabharata* met en lumière des vertus comme l'héroïsme, le courage et la sainteté. Sur le plan éthique, cette guerre incarne la lutte éternelle entre le bien et le mal, entre la justice et l'injustice au quotidien – bref, entre le *dharma* et l'*adharma*.

Sur le plan spirituel, le *Mahabharata* est axé sur la lutte entre le moi inférieur et le moi supérieur, c.-à-d. entre la vocation spirituelle de l'humain et les exigences du corps, du mental et des sens. La tradition *vaishnava* estime que le *Mahabharata* englobe ces trois niveaux de réalité et qu'il peut nous guider en conséquence.

Shri Krishna, le divin conducteur de char, instruit Arjuna, Son disciple et Son dévot.

La Bhagavad-gita

Le mot *gita* signifie «**chant**» et *bhagavad* «Dieu, le possesseur *(vat)* de toute perfection *(bhaga)*». La *Bhagavad-gita* est ainsi «le chant de l'Infiniment Parfait». Elle incarne les **enseignements** du Seigneur, Krishna.

Cet écrit nous vient sous la forme d'un dialogue entre Shri Krishna et Arjuna, précédant immédiatement la guerre dévastatrice du *Mahabharata*.

La conversation évolue à travers une série de questions et réponses qui élucident des concepts métaphysiques comme la différence entre le corps et l'âme (ou la matière et l'esprit): «de la même façon qu'on se défait d'un vêtement usé pour en revêtir un neuf, l'âme abandonne l'ancien corps pour en prendre un nouveau». Krishna parle aussi du principe de l'action désintéressée, des vertus de la discipline *(yoga)* et de la méditation, du savoir *(jnana)* et de la dévotion *(bhakti)* : «Pour qui M'adore, le mental fixé sur Moi et fait de Moi l'objet de Sa méditation, Je suis Le libérateur. Celui-là atteindra Mon royaume éternel, où règne la félicité et la connaissance» Il enseigne que la perfection n'est pas dans le renoncement au monde, mais bien dans l'action disciplinée *(karma-yoga)* accomplie sans attachement aux résultats *(karma-phala-tyaga)*. Krishna précise que toute action doit être accomplie dans la conscience de Dieu. «Quoi que tu fasses, que tu manges, sacrifies ou prodigues, quelque austérité que tu pratiques, que ce soit pour M'en faire l'offrande.» Ensuite, Krishna révèle à Arjuna Sa forme universelle, qui englobe tout ce qui existe: «Je pénètre et Je soutiens l'univers tout entier». Puis Il montre Sa forme mystique de Vishnou à quatre bras et enfin, Sa forme originelle à deux bras. Après avoir expliqué Ses multiples manifestations dont Brahman, Paramatma et Bhagavan, Il déclare en conclusion que Son aspect personnel surpasse Ses aspects impersonnels.

Krishna explique également les trois modes d'influence de la nature matérielle – Vertu, Passion et Ignorance – tout en montrant que la compréhension de ces trois attributs, ainsi que la connaissance des natures divine et démoniaque, peuvent conduire à l'illumination. Il décrit aussi les différentes formes de libération et la suprématie de l'abandon à Sa personne avec un cœur plein de dévotion. «Emplis toujours de Moi tes pensées, deviens Mon dévot, offre-Moi ton hommage et voue-Moi ton adoration. Entièrement absorbé en Moi, certes tu viendras à Moi.»

Ainsi la *Bhagavad-gita* se poursuit, décrivant la nature temporaire du monde matériel, et glorifiant Dieu, la Personne Suprême, et Sa demeure éternelle.

QU'EST-CE QUE LE DHARMA ?

Même si de nombreux érudits acceptent qu'on traduise *dharma* par « devoir », ce terme sanskrit n'en reste pas moins difficile à traduire. Utilisé pour désigner entre autres la religion, la religiosité ordinaire, le devoir sacré, la vertu, la loi, l'ordre cosmique, etc., ce mot découle étymologiquement de la racine verbale *dhri* qui signifie « maintenir », ou plus spécifiquement « ce qui maintient tout ensemble », c'est-à-dire les qualités essentielles. Par conséquent, le *dharma* est vu comme « l'essence », ou « la nature inhérente » d'une chose. Ainsi, le *dharma* de l'eau serait son humidité et celui du miel, son goût sucré. Selon la *Bhagavad-gita*, le *dharma* de l'âme réside dans le service offert à Krishna avec amour et dévotion.

LES COMMENTAIRES SUR LA GITA

Bien que la *Bhagavad-gita* soit largement publiée et lue comme un ouvrage à part entière, elle fait originellement partie du sixième livre du *Mahabharata* (*Bhishma-parva*, chapitres 23 à 40). Formée de 700 versets partagés en dix-huit chapitres, elle est connue également sous le nom de *Gitopanishad*, car elle adhère au style et aux conclusions philosophiques des Upanishads.

La profonde sagesse de la *Bhagavad-gita* a inspiré de nombreux commentaires ; ce serait d'ailleurs le livre le plus commenté de toute l'histoire religieuse de l'humanité. En Inde, la quasi-totalité des maîtres importants ont fait l'exégèse de la *Bhagavad-gita* et ce, depuis l'Antiquité. Le *Mahabharata* comporte aussi sa propre explication de la *Gita*, puisque le quatorzième livre de cet ouvrage (nommé *Anugita*) résume essentiellement le contenu de la *Gita*.

D'autres textes *vaishnavas* ancestraux, tels le *Varaha Purana* et le *Padma Purana*, contiennent une *Gita-mahatmya* (versets à la gloire de la *Gita*), dont toutes les écoles de pensée de l'Inde font usage. Au VIIe et VIIIe siècles, les maîtres de l'école impersonnaliste comme Bhaskara et Shankara ont également rédigé des commentaires sur la *Bhagavad-gita* désormais considérés comme classiques, même si les vues personnalistes des *vaishnavas* en sont absentes. De la plus haute importance sont cependant les nombreux commentaires très théistes qui suivirent, en particulier celui de

Shrila A. C. Bhaktivedanta Swami Prabhupada.

Après que la *Bhagavad-gita* eût été traduite en anglais pour la première fois (par Charles Wilkins en 1785), sa popularité monta en flèche hors de l'Inde. Entre autres intellectuels, les allemands Schlegel, Deussen et Schopenhauer, les français Michelet, Lamartine, Leconte de Lisle, Romain Rolland et Malraux, les américains Emerson et Thoreau, les britanniques Aldous Huxley et Max Müller (ce dernier était anglais d'adoption), et le russe Tolstoï furent très intrigués par le message de la Gita. Un message sur lequel on n'a pas fini de disserter à ce jour.

« De tous les livres sacrés des hindous, la *Bhagavad-gita* est le plus largement lu et, sans doute, le plus important quant à la compréhension du mysticisme oriental. »
— *R. C. Zaehner, Université d'Oxford*

Le Ramayana

L'autre grande épopée sanskrite – celle de Rama – remonte au *Treta Yuga*, soit à quelque deux millions d'années. Le sage Valmiki fut le premier à la mettre par écrit. Sa version, appelée *Ramayana* (la voie de Rama), est toujours considérée comme étant l'une des deux plus importantes épopées de l'Inde (l'autre étant le *Mahabharata*). On qualifie également cet ouvrage de premier poème *(adikavya)* de l'abondante littérature sanskrite.

Le *Ramayana* est souvent apprécié pour sa beauté même : la beauté de sa poésie sanskrite, de sa visualisation évocatrice et de ses dialogues profonds ; la beauté de son éthique et de son sens moral ; celle du *dharma* qu'il prône (l'importance d'accomplir son devoir) ; celle des émotions mises en évidence ; et peut-être surtout la beauté des personnes qui y sont décrites.

Le personnage principal ici est Rama Lui-même. Clairement décrit comme un *avatar* (Dieu venu sur terre), Rama est grand, fort et juste. Incarnation même de la vertu et véritable héros, Il ne craint pas de montrer Son côté plus « humain », c.-à-d. la faculté d'aimer et de souffrir de la séparation de Son épouse bien-aimée, Sita, lorsqu'elle Lui est enlevée.

Sita, incarne aussi la vertu : elle représente l'apothéose de la chasteté et de tout ce qui est bon et vrai. Lakshman, le noble frère de Rama, pourvoit de façon désintéressée à tous les besoins du divin couple. Enfin, Hanuman, mi-singe, mi-homme et dévot de Rama, est l'incarnation même de la force, de

26 LES TEXTES SACRÉS

la chevalerie, de la loyauté et de la dévotion.

Le premier livre du *Ramayana* de Valmiki (*Bala-khanda*) retrace la naissance divine de Rama, Son enfance et Son mariage avec Sita. Le second livre (*Ayodhya-khanda*) narre les préparations pour le couronnement de Rama et l'intrigue qui aboutit à Son l'exil dans la forêt. Le troisième livre (*Aranya-khanda*) décrit la vie de Rama, Sita et Lakshman dans la forêt, les personnages qu'ils y rencontrent et l'enlèvement de Sita. Dans le quatrième livre (*Kishkindha-khanda*), Rama rencontre Hanuman et Sugriva, forge une alliance solide avec eux et couronne Sugriva roi de Kishkindha. Entre-temps le frère aîné de Sugriva, Valin, est tué et la mission de retrouver Sita débute. Le cinquième livre (*Sundara-khanda*), s'étend sur l'histoire et la personnalité de Hanuman et raconte comment il réussit à trouver Sita et à lui donner un message de Rama ainsi que Son anneau comme preuve de leur alliance. Dans le sixième livre (*Yuddha-khanda*), la bataille très attendue entre l'armée de Rama et celle de Ravana éclate. Victorieux, Rama établit un royaume idéal centré sur Dieu, qualifié de Rama Rajya dans la tradition indo-aryenne. Le septième livre (*Uttara-khanda*) est généralement considéré comme un appendice où Sita, dans l'ermitage de Valmiki, donne naissance à des jumeaux – Kusha et Lava – qui seront plus tard intronisés à Ayodhya. Sita, brisée par son exil, s'enfonce dans la terre et Rama part pour Son céleste séjour.

Les autres récits de l'épopée de Rama

Le *Ramayana* de Valmiki est généralement considéré comme la plus ancienne et la plus **authentique** version de la vie de Rama. Des variantes de l'original n'ont pas tardé à voir le jour alors que l'histoire était reprise dans les langues vernaculaires de chaque région spécifique de l'Inde.

En plus du texte de Valmiki, on retrouve une autre version sanskrite dans le *Mahabharata*, où un sage narre les hauts faits de Rama à Yudhisthir. Cette section, baptisée *Ramopakhyana*, se trouve dans le troisième livre (*Aranya-parva*) du *Mahabharata*. Une autre version sanskrite fait partie du *Harivamsha*, un appendice du *Mahabharata* qui retrace la vie de Krishna. Le neuvième Chant du *Bhagavatam* comporte aussi une courte description des aventures de Rama.

Des variantes de la vie de Rama se retrouvent dans plusieurs autres Puranas importants. Ainsi, le récit est-il parvenu en Inde du Sud où, au XIe siècle, un sage nommé Kampan a récrit le *Ramayana* en langue tamoule. Cet écrit, considéré comme le premier *Ramayana* vernaculaire, prit le nom de *Irama-vataram*. Cette nouvelle version de l'épopée par Kampan fut suivie d'une version télougou au XIIIe siècle et d'une version en bengali au XIVe siècle.

Avec la renaissance médiévale de la *bhakti*, le XVIe siècle a produit plusieurs nouveaux *Ramayanas*, notamment l'*Adhyatma-ramayana* (le *Ramayana* « ésotérique »), ouvrage sanskrit qui fut, croit-on, composé en Inde du Sud et qui offre une lecture mystique de l'épopée à l'aide d'allégories ingénieuses et d'un symbolisme complexe. Deux autres versions importantes sont l'*Ananda-ramayana* et le *Bhushundi-ramayana*.

Ce dernier écrit est modelé à ce point d'après le *Bhagavat Purana* qu'on le nomme souvent *Rama-bhagavata*. Mais la version la plus célèbre est le *Ram-charitmanas*, rédigé par

Rama anéantit maléfique Ravan

Tulsidas en hindi au XVIe siècle également. Notons ici que toutes ces variantes vernaculaires ne sont pas de simples traductions du *Ramayana* de Valmiki ; ce sont habituellement des ouvrages entièrement différents, librement inspirés de Valmiki tout en incorporant de nouvelles réalisations, des légendes et le folklore régional. Or, même si la plupart connaissent l'histoire surtout grâce à une version locale, tous considèrent les vers de Valmiki particulièrement sacrés.

Le *Ramayana* fascine un vaste auditoire à travers le monde entier. Appelé le *Ramakien* en Thaïlande, le *Serat Rama* en Indonésie, le *Yama Pwe* en Birmanie et le *Maharadia Lawana* dans les Philippines, il est transmis à travers la musique et le mime, la poésie et les contes folkloriques populaires, le théâtre et la vidéo, les bandes dessinées et les épopées. Les récits et les personnages associés à la *lila* de Rama ont captivé le cœur de plus d'un milliard de personnes de par le monde.

« Si le hatha-yoga jouit d'une grande popularité en Occident, d'autres formes ou branches de yoga remarquables ont été éclipsées. L'une d'elles, le bhakti-yoga, s'inscrit dans une tradition plus ancienne que le yoga de "l'énergie" (hatha). En fait, la voie de la dévotion (bhakti) plonge ses racines dans le rituel mystique des Védas, les Écritures sanskrites ancestrales désormais considérées comme datant de plus de quatre mille ans. »

– Georg Feuerstein, Ph. D.
Directeur-fondateur du Yoga Research and Education Center (YREC)

LES ORIGINES DU VAISHNAVISME

2

Le Vaishnavisme ancestral du Sud

Plusieurs siècles après la compilation des textes **védiques** par **Vyasa**, de nombreux grands maîtres ont fait beaucoup pour systématiser la tradition **vaishnava**. Cette systématisation s'est opérée autant dans le sud que dans le nord de l'Inde, tout en présentant des particularités locales.

> « Il existe de nombreuses preuves scripturaires, littéraires et archéologiques de l'antiquité de la bhakti (le vaishnavisme). Mais en considérant l'histoire religieuse de l'Inde au cours des deux ou trois mille dernières années, il apparait que la tradition bhakti s'était répandue et était devenue particulièrement florissante au Moyen-âge ; disons à partir du XIe siècle avec l'avènement des grands acharyas vaishnavas (maîtres spirituels) comme Ramanuja et Madhva. Plusieurs lignées ancestrales de la bhakti se sont donc cristallisées dans le mouvement bhakti médiéval. »
>
> – Shrivatsa Goswami, Fondateur et directeur Shri Chaitanya Prema Sansthan, Vrindavan

Un récit traditionnel représente la *bhakti*, l'amour dévotionnel, sous les traits d'une belle femme. Née dans l'Inde du Sud, Bhakti atteint sa maturité. Parcourant ensuite l'Inde entière, elle connaîtra surtout la gloire dans le Nord. Mais en fait, les premières traces de culture *vaishnava* furent découvertes dans le Sud.

Le vaishnavisme de l'Inde du Sud se développa grâce aux Alvars, douze grands maîtres de la *bhakti*. Le mot *alvar* signifie « absorbé dans la méditation » ou « imprégné de Dieu ». Tel était en effet l'état d'âme des saints et des sages du mouvement médiéval de la *bhakti* dans le Sud. Les plus éminents des douze Alvars furent Nammalvar, Kulashekharalvar et Andal (la fille de Periyalvar). Les *vaishnavas* de l'Inde du Sud, particulièrement ceux de l'école de Ramanuja, se souviennent et savourent la vie et les poèmes des Alvars.

La tradition leur attribue généralement des dates très anciennes, il y a quelque cinq ou six mille ans. Cependant, selon la majorité des spécialistes de la religion de l'Inde, les Alvars auraient vécu entre le VIIIe et le IXe siècle.

Les Alvars ont composé le *Divya Prabandham*, un recueil de 4 000 chants dévotionnels en tamoul. Estimant qu'il est aussi sacré que les Védas, les *vaishnavas* de l'Inde du Sud vénèrent le *Divya Prabandham* comme le «Véda vaishnava».

La spécificité de la *bhakti* enseignée par les Alvars est qu'elle était accessible à tous : hommes et femmes, riches ou pauvres, sages ou ignorants, pieux ou athées, de classe inférieure ou supérieure. Les Alvars eux-mêmes comptaient parmis eux une femme, Andal, un roi, Kulashekhar (la classe royale était souvent vue comme trop absorbée dans le matériel pour pratiquer sérieusement le *vaishnavisme*) et un mécréant qui s'était amendé, Tondaradippodi. Selon les Alvars, la seule condition préalable pour la réalisation spirituelle est l'abandon du cœur à Dieu (*prapatti*).

Les chants des Alvars furent une source intarissable d'inspiration pour les *vaishnavas* de toute l'Inde du Sud. Ils ont peut-être aussi influencé le *vaishnavisme* du Nord, puisqu'ils enseignent le principe fondamental du *rasa* (la relation avec Dieu) que les disciples de Shri Chaitanya allaient bientôt ériger en véritable science.

Les Alvars mirent l'accent sur les *rasas* suivants : *dasya* (l'amour du serviteur pour son maître), *sakhya* (l'amour dans la relation d'amitié) et *vatsalya* (l'amour parental).

Ils ont également recherché le *madhurya-rasa* (l'amour conjugal), mais ce fut vraiment Shri Chaitanya qui en fit ressortir tout le nectar. À quelques exceptions près, les *rasas* supérieurs furent rarement exprimés dans la spiritualité des Alvars.

Tandis que la dévotion des Alvars s'épanouissait dans le Sud, la majeure partie de l'Inde du Nord s'était éloignée de son héritage *vaishnava* sous la domination étrangère. Or, tout cela allait changer avec l'apparition d'une succession de maîtres qui culminerait au XVe siècle avec Shri Chaitanya Mahaprabhu.

Un sadhu adepte de Ramanuja dans la lignée des Alvars.

Le temple Padmanabhaswamy, Trivandrum

Un temple de l'Inde du Sud semblable à ceux où les Alvars faisaient leurs dévotions.

Le Vaishnavisme ancestral du Nord

La métaphore déjà citée veut que Bhakti soit née dans l'Inde du Sud. Quantité de preuves archéologiques démontrent cependant qu'une *jumelle* était née dans l'Inde du Nord.

Des livres comme *The Origin and Development of Vaishnavism* de Suvira Jaiswal (Delhi : Munshiram Manoharlal, 1967) et *Archaeology and the Vaishnava Tradition* de R. P. Chanda (Memoirs of the Archaeological Survey of India, 1920) ont établi de façon concluante l'existence à une époque reculée du vaishnavisme dans l'Inde du Nord.

Pourtant, ce n'est qu'au XIIe siècle que les mouvements *bhakti* ont exercé une influence marquée dans l'Inde centrale et du Nord, du Cachemire et du Gujarat jusqu'au Bengale et l'Orissa. À cette époque, une génération talentueuse de fidèles composait des poèmes qui définiraient la tradition *vaishnava* en exprimant en langues vernaculaires des thèmes tirés des Écritures traditionnelles, dont le *Shrimad Bhagavatam* et la *Bhagavad-gita*. L'érudit Richard Davis, de l'Université de Yale, écrit au sujet de la profondeur et la dévotion de la poésie *bhakti* de l'Inde du Nord :

« Par contraste avec les traditions aristocratiques de composition poétique, les saints poètes de l'Inde du Nord chantaient en langues vernaculaires et puisaient leurs images dans le quotidien. Ils adoptaient une expression poétique hautement personnelle pour parler des joies et des peines de la vie dévotionnelle. La poésie de la bhakti médiévale en hindi, bengali, marathe et autres langues régionales de l'Inde constitue sans doute la plus riche bibliothèque dévotionnelle au monde, reconnaissable non seulement à son intensité religieuse mais aussi à la grande variété d'états psychologiques et de réactions émotionnelles qu'elle explore. Ces chants médiévaux de dévotion demeurent très vivants dans l'Inde d'aujourd'hui. Peu d'entre nous à vrai dire pourraient citer un auteur de la façon dont l'indien moyen peut réciter des passages entiers de Kabir, Surdas ou Mirabaï. »[1]

Entre autres, trois auteurs de l'Inde du Nord, Vidyapati, Jayadeva et Chandidas, ont ajouté à la ferveur en produisant une collection de poèmes particulièrement profonds. Ces poètes et saints mettent l'accent sur l'intensité de l'amour de Dieu dans la séparation, une forme de nostalgie spirituelle rarement atteinte. Exprimant les sentiments les plus intenses du mysticisme *vaishnava*, leur œuvre a beaucoup influencé les maîtres ultérieurs. La systématisation officielle de la pensée *vaishnava* de l'Inde du Nord fut finalement réalisée par plusieurs maîtres éminents, plus particulièrement Vallabha, Shri Chaitanya et les Six Goswamis de Vrindavan.

Note

1. Donald S. Lopez, ed. 1995, *"Religions of India in Practice"*, p. 40, Princeton University Press.

Bouddha & Shankara

Selon l'histoire vaishnava, la majeure partie de l'Inde adhérait strictement à la tradition védique jusqu'à l'époque de Bouddha (500 ans avant J.-C.). Mais les textes védiques étaient trop souvent mal interprétés, avec pour résultat l'accomplissement de sacrifices dépassés (conçus pour des temps révolus) qui entraînaient la mise à mort d'animaux.

Pour rétablir la situation, Bouddha réalisa qu'il devait renier entièrement les Védas. Il préféra mettre l'accent sur la morale, l'éthique, les principes d'émancipation psychologique, la nature de la souffrance et la façon de la surmonter. Il enseigna la loi de l'éphémère, c.-à-d. la nature temporaire de tout ce qui est matériel, et la loi de la causalité : rien n'est le fruit du hasard.

Bouddha enseignait que le meilleur mode de vie dans un tel monde consistait à suivre la «Voie du Milieu». Ce qui évoque une vision équilibrée et harmonieuse de l'existence, évitant les deux extrêmes : la complaisance excessive envers soi-même et l'ascétisme à outrance. Selon les quatre Nobles Vérités qui sont les fondements de la pensée bouddhiste : 1) la souffrance est universelle, 2) la souffrance est causée par le désir, 3) on peut prévenir ou surmonter la souffrance et 4) les principes du bouddhisme incarnent la voie qui mène à la suppression de la souffrance. Ces principes sont résumés dans l'Octuple Sentier : la conduite juste, la motivation juste, la détermination juste, la parole juste, les moyens d'existence justes, l'attention juste, les efforts justes et la méditation juste sur un bon comportement.

Le bouddhisme transmet donc en principe un message pré-théiste : «Purifiez vos pensées et soyez bons ; ce faisant, vous transcenderez la souffrance matérielle.» Par conséquent, le bouddhisme ne parle ni de Dieu ni des enseignements védiques antérieurs.

Toutefois, au VIIIe siècle apparut Shankara, *avatar* de Shiva qui rétablit l'autorité des Écritures védiques, bien que dans une version quelque peu altérée. Shankara enseignait que les Védas étaient divinement inspirés, mais devaient être interprétés de façon métaphorique et, finalement, impersonnaliste. En d'autres termes, Shankara voit Dieu comme une force abstraite et toute référence à Sa personne dans les Écritures doit être considérée comme symbolique ou comme une allusion à Sa nature inférieure. Ce qui ne pouvait que séduire l'auditoire principalement bouddhiste de Shankara, auditoire formé à penser selon la philosophie et la psychologie abstraite et donc loin de reconnaître l'existence d'un Être Suprême.

Pour résumer, l'avènement de Bouddha en ce monde servit à éloigner des textes védiques ceux qui les interprétaient à tort, et Shankara, lui, eut à rétablir l'autorité des Védas d'une façon que les bouddhistes puissent apprécier. Selon les *vaishnavas*, tout ceci s'inscrit dans un plan divin visant à restaurer la culture védique. Cette restauration se concrétisa dès le XIe siècle grâce à l'avènement de Ramanujacharya.

Bouddha en méditation.

Shankara, qui enseigna l'impersonnalisme.

SIDDHARTA GAUTAMA

Les *vaishnavas* reconnaissent Bouddha (dont le nom à la naissance était Siddharta Gautama) comme une incarnation de Vishnou. Le *Shrimad Bhagavatam* (1.3.24) avait prédit son avènement 2 500 ans avant qu'il n'apparaisse, en précisant son lieu de naissance, Gaya, et le nom de sa mère, Anjana. Or, le personnage historique qu'est Siddharta Gautama naquit au Népal et non à Gaya, qui est le lieu où il atteignit l'illumination. En d'autres mots, « Siddharta » est peut-être né au Népal, mais « Bouddha », lui, naquit à Gaya.

De même, l'Histoire nous informe que la mère du Bouddha s'appelait Mayadevi et non Anjana. Néanmoins, ce fut Anjana – la grand-mère de Bouddha – qui éleva l'enfant à la suite du décès de sa mère, six jours après sa naissance. De sorte qu'Anjana devint effectivement sa mère.

Ainsi le *Bhagavatam* propose une lecture ésotérique de la vie de Bouddha. Selon le poète Jayadeva Goswami, la mission secrète de cet *avatar* n'était pas de fonder le bouddhisme en tant que tel ; son but consistait plutôt à mettre fin à la violence injustifiable et aux sacrifices d'animaux.

Les Acharyas
grands maîtres

Les enseignements de Shankara furent remis en question par la prodigieuse prédication dévotionnelle des Alvars, qui culmine avec l'apparition de Ramanuja (1017–1137). Mais celui-ci alla plus loin dans la restauration védique. Tandis que Bouddha reniait entièrement les Écritures et que Shankara les rétablissait, mais dans une perspective impersonnelle, Ramanuja se rapprocha du monothéisme originel des Védas en formulant sa philosophie appelée vishishtadvaita (monisme qualifié). Ramanuja enseignait : « Nous sommes identiques à Dieu, mais aussi, différents de Lui ». Aux yeux de nombreux partisans de Shankara, Ramanuja semblait insister davantage sur les similitudes que sur les différences, ce qui lui permit de faire pénétrer sa pensée dans un milieu à prédominance Shankarite.

Ramanuja marque donc la naissance du véritable *siddhanta* (conclusion) *vaishnava*, apportant un élément de plus à la philosophie énoncée par Bouddha et Shankara, et ce, parce qu'il reconnaît en fin ultime la différence entre Dieu et l'être vivant. Alors qu'en prétendant que Dieu et l'être vivant ne font qu'un, Shankara niait cette distinction, Ramanuja la met en lumière. Madhva ira encore plus loin en insistant sur ce qui nous distingue de Dieu.

Un siècle environ après Ramanuja, Madhva (1239–1319) enseignait sa doctrine dite *dvaita*, soulignant clairement la nature duelle de la réalité : Dieu et l'être vivant existent tous deux, mais ne font jamais un. Tout au long de l'histoire, la littérature philosophique de l'Inde a présenté un exposé continu des différences entre l'école du pur dualisme de Madhva, celle du monisme qualifié de Ramanuja et l'école moniste de Shankara. Madhvacharya adopta une position intransigeante, refusant d'entendre parler d'une quelconque similarité entre Dieu et l'âme limitée. Aujourd'hui encore, son vaishnavisme élève une protestation farouche contre l'athéisme bouddhiste et le monisme de Shankara.

Pour résumer, Shankara nie que Dieu et l'être vivant soient distincts, mais Ramanuja, lui, le reconnaît et Madhva le fait ressortir.

Ramanuja (1017–1137)

Madhva (1239–1319)

Shri Chaitanya (1486–1533)

L'avènement de Shri Chaitanya Mahaprabhu, selon les *vaishnavas gaudiyas*, parachève la restauration védique : Chaitanya harmonisa l'unité et la différence entre l'être vivant et Dieu. Son enseignement est connu sous le nom d'*achintya-bhedabheda-tattva*, ou «l'unité dans la diversité, inconcevable et simultanée, de Dieu et de l'être». Nous sommes qualitativement un avec Dieu, mais non pas quantitativement, enseigne Shri Chaitanya. Si on soumet une goutte d'eau de mer et l'océan entier à une analyse chimique, on réalisera qu'ils sont exactement de même nature. Mais l'un est immense et l'autre minuscule.

Ainsi, Dieu possède pleinement toutes les perfections, comme la beauté, la richesse, la gloire, le savoir, la puissance et le renoncement. Faisant partie de Dieu, l'être vivant manifeste aussi ces qualités, mais en quantité infime : il n'est donc pas suprême. Au contraire, sa nature subordonnée le destine au service du Suprême.

Tel est l'enseignement védique original qui fut graduellement rétabli au cours d'une longue révélation historique à laquelle participèrent Vyasa, Bouddha, Shankara, Ramanuja, Madhva, et finalement Shri Chaitanya Mahaprabhu. Il y eut de nombreux autres *acharyas* : Nimbarka, Vallabha et Vishnuswami, entre autres, mais les six maîtres cités plus haut sont les plus importants pour ce qui est de comprendre le déploiement historique du savoir védique. Ce déploiement renforça le vaishnavisme du Sud et rétablit la riche tradition du Nord.

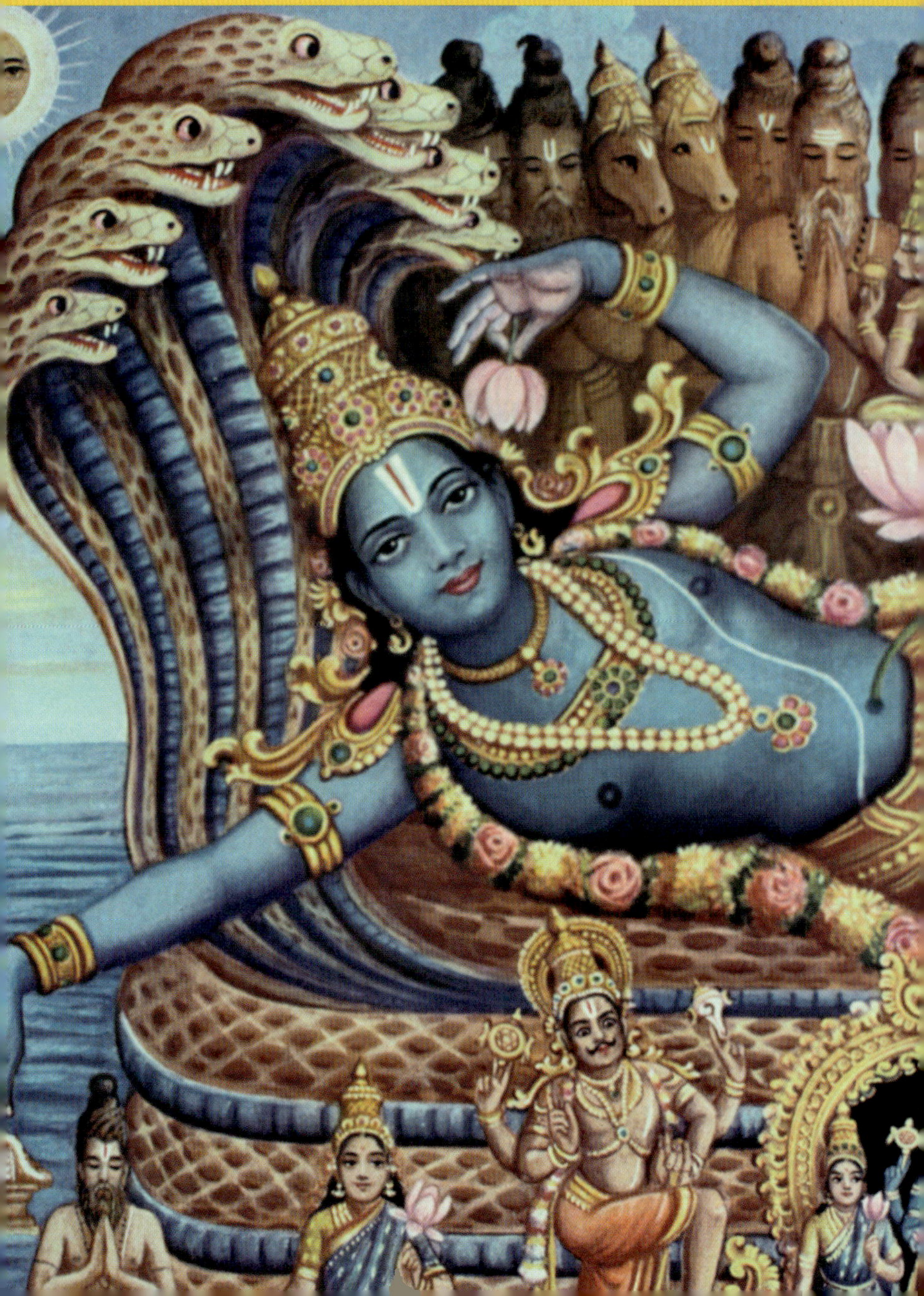

LE DIVIN   3

> Dieu est lumière, l'ignorance est obscurité.
> Dieu dissipe les ténèbres de l'ignorance.
> – *Aphorisme védique*

Les trois aspects de Dieu

La théologie de l'Inde reconnaît **trois aspects** de Dieu : **Brahman**, **Paramatma** et **Bhagavan** – Son aspect impersonnel, Son aspect localisé omniprésent et Sa personnalité suprême. Les trois attributs principaux du Seigneur, *sat* (l'existence ou l'éternité), *chit* (la connaissance totale) et *ananda* (la félicité éternelle), sont présents dans ces trois aspects comme suit : *sat* se réalise en Brahman, *sat* et *chit* en Paramatma et *sat*, *chit* et *ananda* en Bhagavan. La plénitude des attributs divins se retrouve donc en Bhagavan.

Le Brahman impersonnel

BRAHMAN

La réalisation de Brahman (la compréhension de Dieu en tant que force universelle, omniprésente) représente une vision fondamentale du Divin qui plaît aux empiristes enclins à la spiritualité. Ceux qui embrassent ce concept adoptent une forme de mysticisme appelée *jñana-yoga*, une discipline traditionnelle centrée sur l'intellect qui leur permet d'atteindre la pleine réalisation de Brahman, ou la conscience de l'éternité (*sat*). La plupart des formes courantes de yoga et de religiosité, au mieux, s'efforcent d'amener leurs adeptes à cette perception spirituelle fondamentale. On appelle *jñana-yogis* les personnes qui empruntent cette voie. Leur quête de la vérité les conduit vers la radiance du Seigneur, l'impersonnel Brahmajyoti dans lequel elles se fondent après la mort. Mais cet aboutissement peut s'avérer vain du fait que l'insondable impersonnalisme de l'éternité ne comble pas l'âme qui se languit de relations interpersonnelles naturelles. De sorte que le pratiquant peut avoir à renaître encore afin de poursuivre sa voie dans la réalisation spirituelle.

PARAMATMA

Le *jñana-yogi* pourra s'élever jusqu'au prochain niveau de réalisation et devenir un *ashtanga-yogi* en suivant l'octuple sentier du yoga défini par Patanjali dans ses *Yoga-sutras*. S'il réussit, le yogi réalisera l'aspect localisé de Dieu sis dans le cœur de chacun de même qu'en chaque atome. Cette mani-

Paramatma, le Seigneur sis dans le cœur.

festation du Seigneur se nomme Paramatma, ou l'Âme Suprême. L'ayant réalisée, on devient non seulement conscient de l'immortalité, mais on accède aussi à l'essence du savoir spirituel (*chit*).

Les *acharyas vaishnavas* expliquent ainsi la position du Paramatma : de même que le soleil peut se refléter dans des joyaux sans nombre, le Seigneur situé dans chaque atome peut paraître multiple, bien qu'Il soit un, existant dans Sa forme originelle dans le monde spirituel.

Un écueil auquel on peut se heurter dans la quête du Paramatma consiste à identifier à tort l'âme distincte à l'Âme Suprême (Paramatma). Pour clarifier ce point, les textes védiques proposent l'analogie suivante : l'Âme Suprême et l'âme distincte sont comme deux oiseaux perchés sur un même arbre. Alors que l'âme distincte goûte les fruits de l'arbre, l'Âme Suprême l'observe, attendant que Sa compagne renonce à sa poursuite de plaisirs éphémères ; ce qui peut nécessiter plusieurs vies. Mais dès que l'être vivant se tourne vers l'Âme Suprême avec amour et dévotion, Celle-ci accepte de le guider. Elle le fait alors entrer en contact avec un pur dévot, une âme ayant réalisé Bhagavan. L'être évolue dès lors vers l'aspect ultime de la conscience divine.

BHAGAVAN

Le mot *Bhagavan* est l'équivalent sanskrit de « Dieu » et signifie littéralement « Celui qui possède entièrement toutes les perfections ». Les sages de l'Orient ont identifié six perfections primordiales : la puissance, la richesse, la gloire, la beauté, le savoir et le renoncement. Seul Dieu, la Personne Suprême, possède ces attributs dans toute leur plénitude. La personne qui atteindra la perfection de l'adoration divine prendra conscience non seulement du savoir et de l'éternité, comme dans la réalisation de Brahman et Paramatma, mais connaîtra un profond sentiment de félicité transcendantale (*ananda*). Car en suivant la voie de la réalisation de Bhagavan, on entre en contact intime avec Dieu pour finalement développer une relation d'amour intense avec Lui. Aussi le *vaishnavisme* enseigne-t-il que la réalisation de Bhagavan incarne la perfection du *jñana-yoga* et de l'*ashtanga-yoga* comme à vrai dire, la perfection de toute quête spirituelle.

Bhagavan Krishna, le Seigneur Suprême

Les TROIS ASPECTS
une analogie

Pour faciliter la compréhension des trois niveaux de réalisation de Dieu, les commentateurs vaishnavas proposent l'analogie suivante. **Trois simples villageois** qui n'ont jamais vu de train et leur guide attendent impatiemment l'arrivée d'un train en gare. Voyant au loin une structure massive entrer en gare, l'un d'eux demande à la vue du phare avant de la locomotive : « Qu'est-ce que c'est ? » Et le guide de répondre : **« C'est le train. »** Assuré d'avoir vu le train, le premier villageois s'en va donc satisfait.

Quand le train atteint le quai, le deuxième villageois s'exclame :
« Ah ! *Voici* le train ! » Car il a vu la file de wagons entrer en gare, c.-à-d. la forme que cachait le phare avant du train. Sûr d'avoir tout vu, il part à son tour.

Le troisième villageois se montre moins impatient. Quand le train est enfin entré en gare, il a donc l'occasion de rencontrer le conducteur du train et de voir tous les passagers.

Ayant regagné leur petit village, les trois hommes ne tardent pas à raconter ce qu'ils ont vu. Bien que chacun d'eux avait indéniablement vu le même train, leurs descriptions furent aussi différentes que l'étaient leurs réalisations. De toute évidence, l'expérience du troisième personnage était plus complète que celle des deux autres. Il fut à même d'en convaincre les habitants de son village puisqu'il sut décrire parfaitement ce que ses deux compagnons avaient vu et davantage encore.

Analogiquement parlant, le phare représente l'éblouissant aspect impersonnel du Seigneur (Brahman). La lumière associée à une forme plus concrète située derrière elle transmet la notion d'une substance divine, d'une personne qui pénètre tout ce qui existe (Paramatma). La vision du troisième villageois correspond à la plénitude de la réalisation de

L'aspect impersonnel

Dieu (Bhagavan), où l'on rencontre en personne Shri Krishna, l'Être Suprême, et où l'on développe une relation avec Lui.

Dans l'optique *vaishnava*, ces trois différents aspects de la même Vérité Absolue sont tous considérés comme valides. Chacun voit ces différents aspects selon son degré d'avancement spirituel. Les maîtres *vaishnavas* recommandent la méditation sur la vérité totale : la réalisation de Bhagavan. Les autres voies furent élaborées pour l'élévation graduelle jusqu'à ce point. Mais sous la tutelle d'un *vaishnava* évolué, on peut toutefois immédiatement emprunter la voie d'accès à la réalisation de Bhagavan, surpassant ainsi les niveaux de réalisation de Brahman et Paramatma.

Paramatma, l'Âme Suprême

Shri Krishna, le Dieu Suprême dans toute Sa gloire

Shri Krishna

« Le Seigneur Suprême, qui incarne la vérité, la conscience et la joie, est connu sous le nom de Govinda, ou Krishna. Sans commencement, Il est la source dont tout émane et la cause de toutes les causes. » – *Brahma-samhita* 5.1

Krishna est Bhagavan, Dieu, la Personne Suprême. Le *Shrimad Bhagavatam* (1.3.28), texte sacré au cœur de la pensée *vaishnava*, révèle l'identité de Krishna : « Krishna est Dieu en personne » (*krishnas tu bhagavan svayam*). Il n'est pas qu'une émanation ou une manifestation de Dieu parmi tant d'autres en Inde. Il est Dieu, le Tout Complet et l'Origine de toute manifestation. Il a dévoilé Ses activités spirituelles et éternelles, appelées *lila*, sur la Terre il y a environ 5 000 ans. La tradition *vaishnava* enseigne que Krishna Se livre de toute éternité à ces activités, mais qu'Il ne les a manifestées sur notre planète qu'à cette époque.

Parmi les différents divertissements de Krishna, les suivants contiennent l'essence même de la culture de l'Inde : Sa naissance dans la prison de Kamsa, Ses jeux et Ses espiègleries d'enfant en tant que fils de Nanda et Yashoda, l'anéantissement de différents démons, Ses tendres échanges avec Shri Radha et les *gopis*, Son départ déchirant de Braj pour Mathura, Ses activités fastueuses dans le royaume de Dwaraka, Ses retrouvailles avec Radha à Kurukshetra et Son énoncé de la *Bhagavad-gita*. Plusieurs divertissements de Krishna expriment la grandeur et même le châtiment, comme lorsqu'Il débarrasse le monde des puissances du mal, mais Son avènement souligne surtout la supériorité de l'amour sur la puissance et de la douceur sur l'opulence. Tandis que la plupart des

LA DIVINITÉ DE KRISHNA DANS LA BHAGAVAD-GITA

La *Gita* ne laisse aucun doute quant à la position de Krishna : « Des mondes spirituel et matériel Je suis la source, de Moi tout émane. » (10.8) « Nulle vérité ne M'est supérieure. » (7.7) « Le but de tous les Védas est de Me connaître. » (15.15)

Arjuna prie Krishna : « Tu es le Brahman Suprême, l'ultime demeure, la Vérité Absolue. Tu es Dieu, la Personne originelle, transcendantale et éternelle… » (10.12) « Tu es Dieu, la Personne originelle… » (11.38)

La *Gita* appelle aussi Krishna Purushottama (la Personne Suprême), Parabrahman (le Brahman Suprême), Adideva (le Seigneur originel), Parameshvara (le Maître Suprême), etc.

concepts de Dieu évoquent respect et vénération, Krishna suscite, Lui, intimité et relation personnelle. Selon les poètes *vaishnavas*, Son aspect sublime – teint bleu sombre, grands yeux de lotus et longs cheveux noirs comme du jais couronnés d'une plume de paon – semble attirer l'âme et appeler une relation interpersonnelle. Il est dit qu'au son de la flûte de Krishna, nul ne peut s'empêcher de courir vers Lui dans un état de divine folie.

Les émanations de Krishna

Krishna est Dieu, source de toute réalité, mais nombreuses sont Ses manifestations. Il revêt en effet diverses formes pour répondre aux différents sentiments de Ses dévots. Incarnation de l'amour, Krishna Se manifeste aussi sous la forme de Vishnou (Narayana), personnification du pouvoir et de la majesté. Vishnou à son tour Se multiplie en de nombreux avatars (incarnations) dont Nrishimha, Vamana et Rama.

Les textes védiques complémentaires offrent quantité de données techniques sur ces émanations et ces *avatars*. Krishna et Ses émanations sont appelés *svayam-rupa*, *tad-ekatma* et *avesha*. La forme personnelle de Krishna (*svayam-rupa*) incarne Sa nature originelle, qui puise en elle-même son existence.

De cette forme procède Sa manifestation secondaire (*tad-ekatma*), identique en essence à Sa forme originelle, mais pouvant être d'apparence et de puissance différentes. De plus, Il peut aussi Se manifester en la personne d'un être vivant doté de pouvoirs singuliers (*avesha*), comme Bouddha ou Jésus.

Ces trois aspects du Suprême Se développent encore en deux subdivisions appelées *vilasa* et *svamsha*, qui peuvent à leur tour être partagées en deux catégories d'émanations nommées *vaibhava* et *prabhava*. En d'autres mots, les textes *vaishnavas gaudiyas* expliquent les nombreux aspects de Dieu avec force détails.

Malgré les nombreuses manifestations du Seigneur, les Écritures déclarent que «Dieu est un» (*eka brahma dvitiya nasti*). Ce qui contraste avec l'opinion reçue que la religion de l'Inde prône l'adoration de plusieurs dieux. Vu la complexité de la tradition – surtout en ce qui concerne Krishna et Ses multiples émanations et incarnations – on comprend aisément comment ce concept a pu naître. Pourtant, un examen attentif des textes révèle une tradition hautement monothéiste.

En plus de Se multiplier en de nombreux avatars, Vishnou Se manifeste à l'intérieur de chacun des innombrables univers et dans chaque atome.

Les avatars de Vishnou

En plus de Se multiplier en diverses **formes** de Vishnou, **Krishna** Se manifeste aussi en **d'innombrables** avatars (incarnations), qui apparaissent chacun en ce monde pour y accomplir une **mission** spécifique. Parmi ces multiples avatars, les textes védiques décrivent les dix principaux.

D'âge en âge, le Seigneur « descend de Son royaume » (tel est le sens premier du mot *avatar*). À l'aube de la création, Vishnou apparaît sous la forme de Matsya Avatar, un poisson divin qui plongea dans les profondeurs océaniques pour récupérer les Védas. Il apparut ensuite comme une tortue, Kurma, qui joua un rôle vital dans le barattage de l'océan de lait. À la jonction de deux âges, le Seigneur assuma une forme de sanglier, Varaha, qui sauva la Terre de la menace du démoniaque Hiranyaksha. Sous l'aspect de Nrishimha, l'*avatar* mi-homme mi-lion, Il sauva Son pur dévot, l'enfant Prahlad, de la tyrannie de son père, un roi malfaisant. Il devint aussi Vamana, le brahmane nain qui par la ruse de l'aumône de « trois enjambées de terrain » – qui couvrirent le cosmos entier – reprit la Terre des mains d'un autre roi démoniaque. Se manifestant ensuite en la personne de Parashuram (Rama à la hache), Il débarrassa le monde des guerriers sans pitié. Il vint aussi sous les traits du célèbre Ramachandra, et plus tard, dans Sa forme originelle, celle de Krishna, avec Son émanation immédiate Balaram, apparu comme Son frère aîné. Puis, il y a vingt-cinq siècles, Il est venu sous la forme de Bouddha.

Il est prédit que dans l'avenir, le Seigneur viendra en la personne de Kalki, vers la fin du Kali Yuga (dans quelque 427 000 ans). Il initiera alors le processus de destruction du monde matériel et libérera les âmes qui s'y trouveront encore en regagnant Son royaume éternel avec elles. Les textes *vaishnavas* consacrent des pages sans nombre à la description de tels *avatars*.

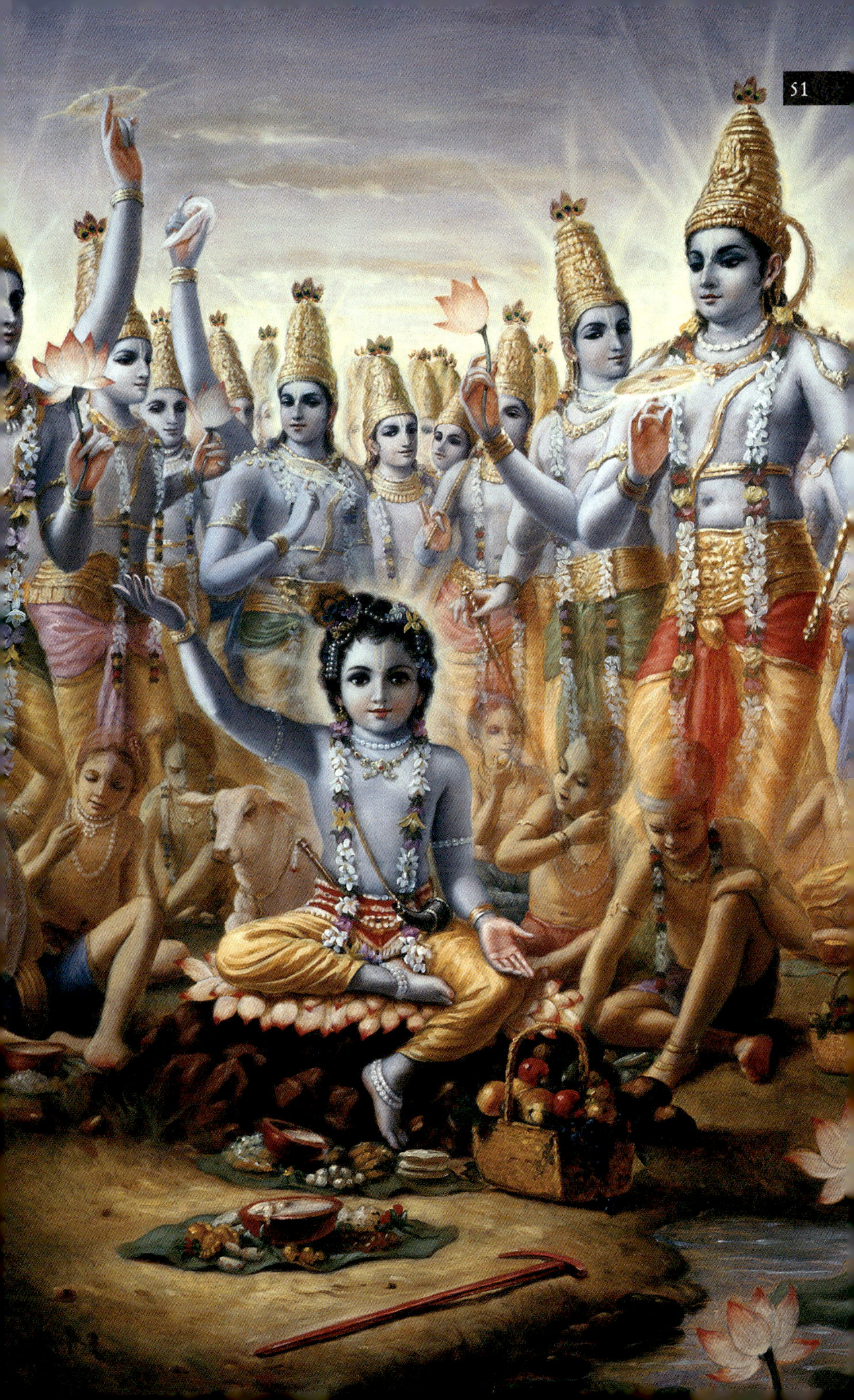

NRISHIMHA AVATAR

Nrishimhadeva, « mi-homme, mi-lion », est peut-être l'avatar de Vishnou à l'aspect le plus fantastique et extraordinaire. Son histoire est tout à fait étonnante.

Il y a plusieurs millénaires, à une époque révolue où les êtres vivaient très longtemps, un roi appelé Hiranyakashipu, aussi puissant que tyrannique, désirait devenir immortel. C'est dans ce but qu'il accomplit de rudes austérités pendant plus de 36 000 ans, espérant ainsi voir les dévas lui accorder la vie éternelle.

Le déva Brahma apparut à Hiranyakashipu pour l'informer que lui-même ne vivait pas éternellement, quoique sa vie s'étende sur des milliards d'années. Aussi n'était-il pas à même de conférer la vie éternelle à quiconque.

Le rusé Hiranyakashipu dit alors : « Si je ne peux devenir immortel, accorde-

moi de n'être tué par aucune arme connue des hommes, ni sur la terre, ni sur l'eau ou dans le ciel, ni à l'intérieur ni à l'extérieur, ni le jour ni la nuit. » Après avoir obtenu toutes ces bénédictions, Hiranyakashipu croyait s'être bien joué de Brahma et avoir ainsi acquis l'immortalité.

Restait un problème : Prahlad, le plus pieux des quatre fils d'Hiranyakashipu. Même si le roi l'aimait, il ne pouvait tolérer que son fils soit enclin à servir Vishnou et qu'il enseigne le service de dévotion à ses camarades d'école. Lorsqu'il le lui reprochait, Prahlad répondait qu'on devrait s'intéresser à Dieu plutôt qu'à quelque objectif matériel.

Cette situation exaspère bien sûr Hiranyakashipu, le plus grand des athées. Son amour se changeant bientôt en haine, il conçoit divers plans pour faire mourir son fils. Mais chaque

Hiranyakashipu attaque Shri Nrisimhadeva.

À gauche : Quand Brahma répandit quelques gouttes d'eau sur le corps d'Hiranyakashipu, qui avait été dévoré par les termites, le roi se leva pourvu d'un nouveau corps aux membres si puissants qu'ils auraient pu résister aux assauts de la foudre.

Plaçant Hiranyakashipu sur Ses genoux, Il éventre l'arrogant monarque.

fois, Prahlad est sauvé par la divine providence. Frustré de le voir échapper à la mort, Hiranyakashipu décide de le tuer de ses propres mains. Mais pas avant de lui demander : « Comment as-tu pu survivre à tous les attentats à ta vie ? Quelle est l'origine de ta force ? »

Et Prahlad de répondre que tout s'opère par la volonté du Seigneur et que la source de sa force et de celle de tous les êtres est unique : Dieu.

La colère d'Hiranyakashipu ne connaît plus de bornes, il demande à voir ce Dieu qui captive tant son fils : « Où est ce Seigneur Suprême dont tu parles sans cesse ? »

Prahlad répond qu'Il est partout présent. « S'Il est vraiment partout, pourquoi alors n'est-Il pas dans cette colonne ? », s'écrie Hiranyakashipu dans une rage folle en désignant de son sabre une colonne massive qu'il frappe de son poing. À sa grande stupéfaction, la colonne explose et révèle la forme toute-puissante de Nrishimhadeva, le divin homme-lion.

Le roi l'attaque, mais en vain. Tolérant quelque temps les assauts d'Hiranyakashipu, le Seigneur Nrishimha attrape finalement l'arrogant monarque et le place sur Ses genoux pour l'éventrer.

Nrishimhadeva sauva ainsi la planète des mains d'un tyran tout en honorant les bénédictions de Brahma : Hiranyakashipu ne fut tué ni par un homme ni par un animal, mais par le Seigneur Lui-même dans Sa forme mi-homme mi-lion. Il ne mourut ni sur terre ni dans les airs, mais sur les genoux du Seigneur, ni à l'intérieur ni à l'extérieur, mais sous le portail d'un palais. Il ne périt ni le jour ni la nuit mais au crépuscule, et d'aucune arme connue de l'homme, puisque ce furent les ongles transcendantaux du Seigneur qui mirent fin à ses jours.

La Déesse originelle

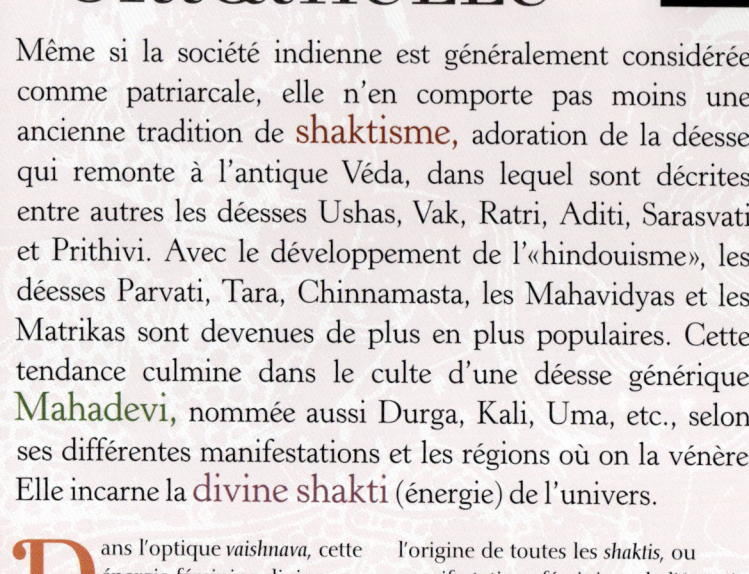

Même si la société indienne est généralement considérée comme patriarcale, elle n'en comporte pas moins une ancienne tradition de **shaktisme,** adoration de la déesse, qui remonte à l'antique Véda, dans lequel sont décrites entre autres les déesses Ushas, Vak, Ratri, Aditi, Sarasvati et Prithivi. Avec le développement de l'«hindouisme», les déesses Parvati, Tara, Chinnamasta, les Mahavidyas et les Matrikas sont devenues de plus en plus populaires. Cette tendance culmine dans le culte d'une déesse générique, **Mahadevi,** nommée aussi Durga, Kali, Uma, etc., selon ses différentes manifestations et les régions où on la vénère. Elle incarne la **divine shakti** (énergie) de l'univers.

Dans l'optique *vaishnava*, cette énergie féminine divine (*shakti*) sous-entend une source divine d'énergie (*shaktiman*). Ainsi la déesse a toujours une contre-partie mâle : Sita et Rama, Lakshmi et Narayan, Radha et Krishna. De même que Krishna incarne la source de toutes les manifestations de Dieu, Shri Radha, Sa compagne, représente l'origine de toutes les *shaktis*, ou manifestations féminines de l'énergie cosmique. Elle est donc la Déesse originelle.

Le vaishnavisme peut être considéré comme une forme de shaktisme où la *purna-shakti,* la forme la plus complète de l'énergie divine féminine, est adorée comme l'aspect prééminent de la Divinité, éclipsant

Radha, la Déesse originelle, et Krishna.

« Le rôle de Radha est étroitement lié à sa position de favorite de Krishna. À travers sa dévotion et son service à Krishna, elle devient la médiatrice de Sa grâce (prasada, anugraha) et de Sa compassion (kripa). Constituée d'amour pour Krishna, elle est le principal canal par lequel Il envoie Son amour à Ses dévots, devenant ainsi elle-même un objet d'adoration. Comme le déclare Krishna dans le Brahmavaivarta Purana, Il n'accorde pas la libération (moksha) à celui qui ne révère pas Radha ; Il affirme même que l'adoration de Radha Le comble plus que Sa propre adoration. »[1]

Notes

1. C. Mackenzie Brown, "The Theology of Radha in the Puranas" cité dans "The Divine Consort: Radha and the Goddesses of India", Hawley et Wulff, éditeurs, p. 69, Berkeley Religious Studies Series, 1982.

La déesse Lakshmi, première émanation de Shri Radha.

Durga, la déesse de l'univers matériel.

même le Divin mâle à certains égards. À titre d'exemple, le Shri-vaishnavisme considère Lakshmi (émanation principale de Shri Radha) comme la médiatrice divine, sans laquelle on ne peut approcher Narayan. La tradition *gaudiya* reconnaît en Radha la Déesse Suprême, car il est dit qu'elle règne sur Krishna de par son amour pour Lui.

La suprématie de la Déesse originelle est résumée ainsi par C. Mackenzie Brown, professeur agrégé de religion et président du département d'études asiatiques à l'Université Trinity :

RADHA

« Essence de la beauté et du rasa,
Quintessence de la félicité et de la compassion,
Personnification de la douceur et de l'éclat,
Archétype de l'ingéniosité, élégante amoureuse :
Puisse mon mental trouver refuge en Radha,
Quintessence de toutes les essences. »

— *Prabodhananda Sarasvati*

« *Le nom de Radha représente le plus grand des trésors. Krishna joue ce nom sur Sa flûte et ne l'oublie jamais. Radha est le fil de trame de toute étoffe, de chaque yantra et mantra, de chaque Véda et Tantra. Shukadeva connaissait ce secret d'entre les secrets, mais décida de n'en rien révéler ; Krishna S'incarne pour le découvrir. Néanmoins sa profondeur à Lui aussi échappe.* »

— *Harinam Vyas*

La littérature *vaishnava* traditionnelle compare Krishna au soleil, et Radha aux rayons de l'astre du jour. L'un et l'autre existent simultanément, mais l'un est la source de l'autre. Toutefois, il serait faux de dire que le soleil apparaît avant ses rayons, car dès que le soleil pointe, ses rayons en font autant. Qui plus est, le soleil n'existe plus sans ses rayons, sa chaleur et sa lumière. Et lumière et chaleur n'existeraient pas sans lui. Ainsi le soleil et ses rayons coexistent, étant d'égale importance pour leur existence mutuelle. On peut donc dire qu'ils sont simultanément un et différents.

De même, la relation qui unit Radha et Krishna relève de l'inconcevable unité dans la diversité. En essence, Ils sont Un – Dieu Se manifestant en deux personnes distinctes pour favoriser des échanges interpersonnels. Selon la tradition : « Shri Krishna fascine l'univers entier, mais même Lui succombe au charme de Shri Radha. Elle est donc la déesse suprême entre toutes. Shri Radha est la toute-puissance dont Shri Krishna est le possesseur. Il n'y a pas de différence entre eux, comme en

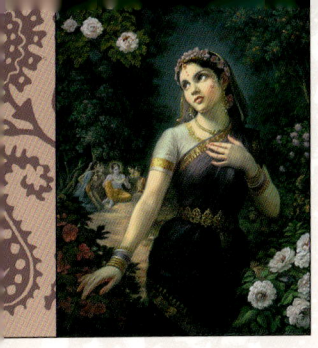

« Shri Krishna fascine l'univers entier, mais même Lui succombe aux charmes de Shri Radha. Elle est donc la déesse suprême entre toutes. »
– *Chaitanya-charitamrita*, Adi-lila 4.95

témoignent les Écritures révélées. En vérité, ils sont identiques comme le feu et sa chaleur, inséparables comme le musc et son parfum. Bien que Radha et Krishna ne fassent qu'Un, Ils sont apparus sous deux formes distinctes afin de jouir d'une relation réciproque. Ainsi le veut Leur mystérieuse *lila*. » (*Chaitanya-charitamrita*, Adi-lila 4.95–98)

Pour accroître la joie née d'une telle relation, Radha Se multiplie en les nombreuses *gopis* de Braj. Les textes *vaishnavas* anciens, dont le *Harivamsa* et les premiers Puranas, ne citent pas les noms des *gopis*, mais mentionnent ce groupe de pastourelles que Krishna rencontre toutes ensemble. On voit cependant dans le *Bhagavatam* qu'une *gopi* prédomine, surtout à l'occasion de la danse *rasa*. Pourtant Shukadeva, le narrateur du *Bhagavatam*, ne cite pas Son nom. La tradition *gaudiya* affirme qu'il s'agit bien de Radha (littéralement « Celle qui comble Krishna »). Radha et les autres *gopis* sont décrites en détail dans les *Naradiya*, *Padma* et *Brahma-vaivarta Puranas* ainsi que dans d'autres écrits ultérieurs. La place qu'occupe Radha dans l'histoire *vaishnava* ne fut toutefois révélée pleinement qu'au XIIe siècle par Jayadeva Goswami et Nimbarkacharya dans leur poésie. Les écrits des Six Goswamis de Vrindavan contiennent une véritable mine de renseignements sur les *gopis* et surtout sur Radha.

Dans son *Stavavali* (15.1–10), Raghunath Das Goswami, grand poète mystique et l'un des Six Goswamis de Vrindavan, décrit Radha comme si elle Se tenait devant lui : « Radha fait même désespérer Lakshmi (la déesse de la fortune) de ses charmes. Les dessous de soie de Radha sont sa modestie. Son corps est délicatement peint du safran de la beauté et du musc du radieux *shringara-rasa* (le

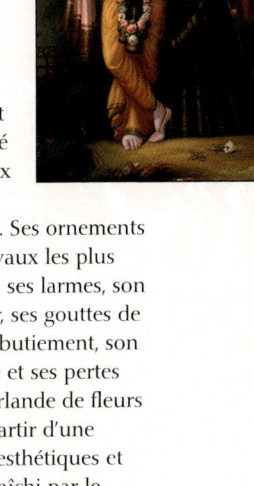

sentiment amoureux). Ses ornements sont faits des neuf joyaux les plus précieux : ses frissons, ses larmes, son exultation, sa stupeur, ses gouttes de transpiration, son balbutiement, son rougissement, sa folie et ses pertes de conscience. Sa guirlande de fleurs est confectionnée à partir d'une sélection de qualités esthétiques et son vêtement est rafraîchi par le pur et subtil parfum de ses vertus exquises. Elle rougit ses lèvres grâce aux feuilles de bétel de l'attachement intense et l'astuce amoureuse est son mascara. Ses oreilles sont toujours parées de glorieux pendants, le son du nom de Krishna. »

Les Gopis, les pastourelles de Braj

« Les énergies du Seigneur Suprême (Ses compagnes) sont de trois sortes : les Lakshmis de Vaikuntha, les reines de Dwaraka et les gopis de Vrindavan. De toutes, les plus élevées sont les gopis, car elles ont le privilège de servir Shri Krishna, le Seigneur originel, fils du roi de Braj. »
— *Chaitanya-charitamrita, Adi-lila* 1.79-80

De toutes les *gopis*, Shri Radha est la principale, capable de combler Krishna de son seul regard. Elle n'en estime pas moins que son amour pour Krishna peut toujours atteindre de nouveaux sommets. Voilà pourquoi Eele se manifeste à Braj en autant de *gopis*, qui réalisent l'aspiration de Krishna à diverses relations (*rasa*).

On considère les *gopis* comme le *kaya-vyuha* de Shri Radha. Ce mot n'a guère d'équivalent français, mais on peut néanmoins l'expliquer comme suit. Si une personne pouvait exister simultanément dans plus d'une centaine de formes humaines, on dirait que celles-ci en sont le *kaya* (corps) *vyuha* (multitude de). En d'autres mots, ces formes incarnent une seule et même personne, tout en étant différemment situées dans le temps et l'espace, et habitées d'émotions et d'états d'âme différents. L'unique raison d'être de Radha et Krishna étant de s'aimer mutuellement, les *gopis* existent pour les assister dans cet amour.

Les *gopis* forment cinq groupes, le plus important étant celui des *parama-preshtha-sakhis* (les huit principales *gopis*) : Lalita, Vishakha, Chitra, Indu-lekha, Champakalata, Tungavidya, Rangadevi et Sudevi. Des textes sacrés ésotériques abondent en détails sur leur vie et leur

D'après le Bhakti Ratnaka, par amour pour Krishna, les gopis prirent la forme d'un éléphant pour que Krsna puisse y monter et ainsi protéger Ses pieds de la chaleur du sable de Braj.

service : le nom de leurs parents, de leur conjoint, leur teint, leur âge, leur anniversaire, leurs états d'âme, leur tempérament, leurs mélodies et instruments préférés, leurs amies les plus intimes, etc. Ces éléments forment la substance d'une méditation intérieure, ou *sadhana*, conçue pour que le dévot accède au royaume spirituel. Pareille méditation permet de faire naître peu à peu notre amour (*prema*) pour Krishna.

De toute évidence, la tradition considère l'amour des *gopis* comme l'amour spirituel par excellence, réfutant toute accusation de sexualité matérielle en faisant une distinction très claire entre l'amour et la concupiscence. Comme le concept chrétien de l'épouse de Jésus-Christ, ou le concept cabalistique du Divin Féminin dans le mysticisme juif, l'amour des *gopis* est théologiquement profond et constitue le zénith de la spiritualité. Il représente l'amour le plus pur que puisse éprouver l'âme pour sa source divine. Toute corrélation entre cet amour et la luxure n'est qu'apparence.

TULASI DÉVI
L'arbuste de la dévotion

Le vaishnavisme est une idéologie théiste globale qui regroupe des notions impersonnalistes, panthéistes, panenthéistes et monothéistes. Sans oublier un certain animisme, où les objets naturels sont considérés comme imprégnés du Divin. Ce concept est fondé sur la *Bhagavad-gita*, où Krishna Se décrit comme le parfum originel de la terre, la lumière du soleil et de la lune, le printemps fleurissant, la pure saveur de l'eau, etc. En fait, on décrit l'univers entier comme la forme universelle de Krishna.

De façon plus directe, la colline Govardhan, une vaste région qui formait jadis une montagne imposante, constitue peut-être l'exemple le plus populaire de Krishna sous la forme de la nature matérielle. Les pierres et les cailloux de Govardhan sont vénérés par les *vaishnavas* au même titre que les pierres sacrées appelées Shalagram-shilas. Le culte de ces pierres est constitué de rituels détaillés et complexes. Aux yeux du *vaishnava*, elles sont le témoignage vivant de l'accessibilité du Seigneur.

Les dévots de Krishna s'incarnent parfois dans des objets naturels pour être à proximité du Seigneur. Tulasi en est un exemple: la manifestation de Vrindadevi – la déesse des forêts – sous la forme d'un arbuste.[1] Tulasidevi vient en ce monde afin que ses feuilles puissent être placées aux pieds pareils-au-lotus de Krishna. Son attachement à Krishna est si profond qu'elle est contrariée quand ses feuilles et ses rameaux sont déposés aux pieds de quelqu'un d'autre. Tulasi s'incarne aussi sous la forme de la rivière Gandaki, dont les pierres sacrées, les Shalagrams, font l'objet d'un très haut culte.

Sous sa forme de Vrindadevi, Tulasi est la personnification de la *lila-shakti*, l'énergie de «divertissement» du Seigneur. Elle prend des dispositions élaborées pour Sa satisfaction, comme embellir la forêt de Vrindavan à l'aide de guirlandes de fleurs odorantes et de sons mélodieux, s'assurant que

le lieu de rendez-vous de Radha et Krishna constitue l'environnement bucolique par excellence. Tout, y compris le climat, la flore et la faune, doit être au goût de Radha et Krishna. Vrindadevi et ses nombreuses servantes préparent le cadre idéal pour le plaisir du couple divin.

Note

1. Tulasi (*Ocimum sanctum* L.) *appartient à la même famille que le basilic (*Ocimum basilicum*).*

LES HUIT NOMS

Tulasi étant si chère à Krishna, les *vaishnavas* chantent souvent ses huit noms qui sont pleins d'heureux auspices : Vrindavani (celle qui apparaît dans la forêt de Vrindavan) ; Vrinda (celle qui prend la forme de plantes ou d'arbustes) ; Vishva-pujita (celle qu'on vénère dans tous les univers) ; Pushpasara (la fleur par excellence) ; Nandini (celle qui confère la foi et la joie) ; Krishna-jivani (celle qui donne vie à Krishna) ; Vishva-pavani (celle qui purifie l'univers entier) et Tulasi (celle dont la beauté est incomparable).

«Ce Dieu unique et suprême est Krishna. Les dévas, eux, sont des êtres dotés par Krishna de pouvoirs plus ou moins importants pour régir l'univers matériel. Jamais ils n'égalent Dieu, qu'on Le nomme Krishna, Narayana ou Vishnou.»

Shri Shrimad A.C. Bhaktivedanta Swami Prabhupada
(*Bhagavad-gita telle qu'elle est* 4.12, teneur et portée)

Les Dévas

4

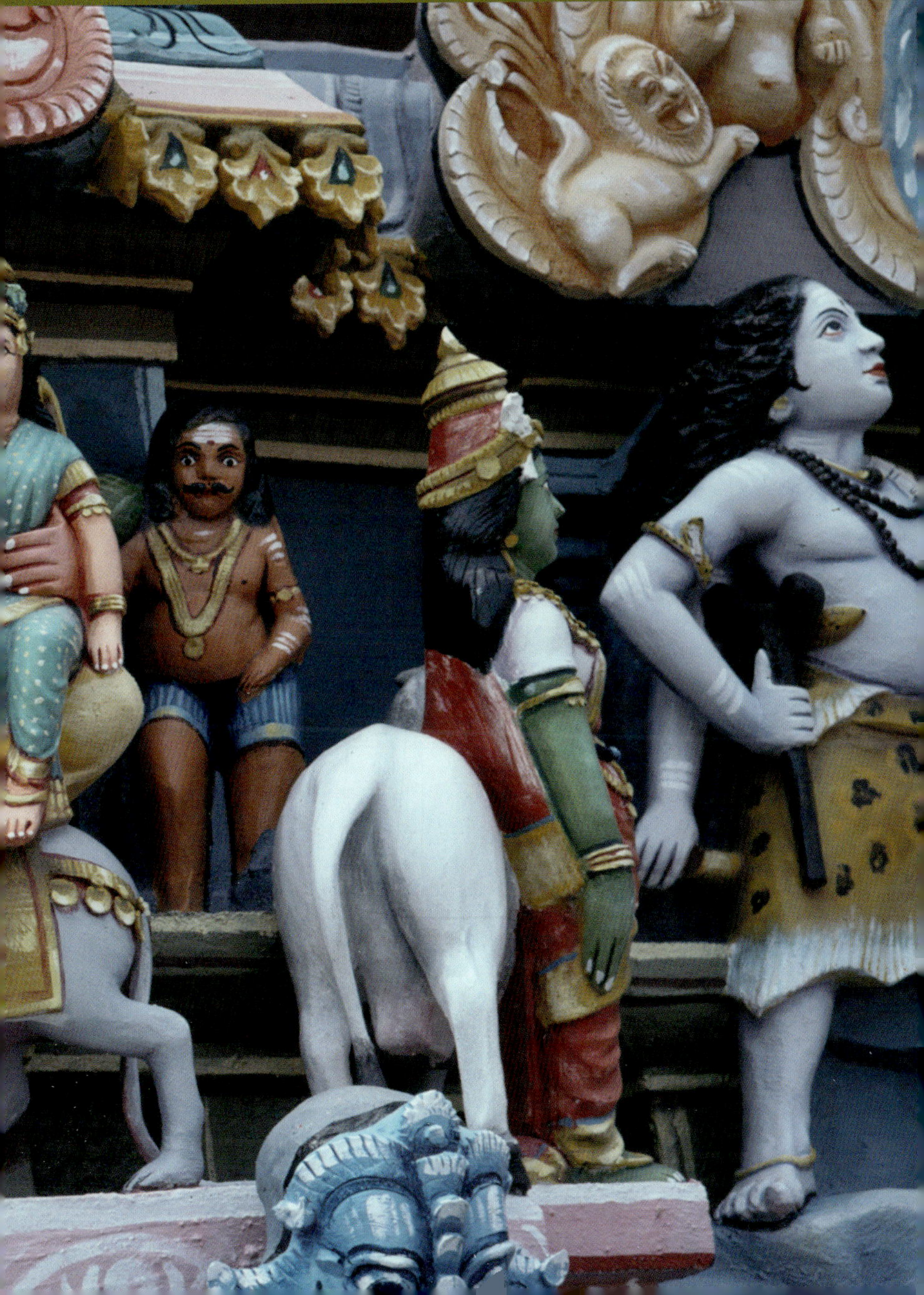

Les Dévas
Serviteurs de Krishna

La majorité des hindous reconnaissent **33 millions de dieux**, que les vaishnavas appellent *demi-dieux* ou dévas. Le préfixe « demi », dérivé du latin *dimidius*, indique que ceux-ci n'incarnent pas la Divinité dans toute Sa plénitude. En d'autres mots, ce sont des êtres investis de pouvoirs formidables, mais qui n'en demeurent pas moins subordonnés à Dieu. Par conséquent, l'adoration des dévas s'avère inappropriée car Dieu seul est digne d'être adoré.

Voilà pourquoi Krishna dit : « Ceux qui avec foi adorent les dévas n'adorent en fait que Moi, ô fils de Kunti, mais ils ne le font pas de la bonne façon. » (*Bhagavad-gita* 9.23) Les mots exacts qu'emploie Krishna sont *avidhi-purvakam* « de façon inappropriée, non autorisée ». Il ajoute : « Les hommes en ce monde aspirent au succès dans leurs entreprises ; c'est pourquoi ils vouent un culte aux dévas… » (*Bhagavad-gita* 4.12) En d'autres mots, c'est le matérialisme qui motive l'adoration des dévas. Les commentateurs *vaishnavas* affirment que les gains matériels ne pourront jamais vraiment satisfaire l'être humain, car il est de nature spirituelle. Ils ajoutent que quiconque prie les dévas devrait le faire à des fins spirituelles. À titre d'exemple, on peut prier Ganesh pour qu'il écarte les obstacles qui se dressent sur la voie de la réalisation de Dieu. La tradition *vaishnava* souligne cependant que cela n'est pas même nécessaire puisque finalement toute bénédiction vient de Krishna.

LA POSITION DES DÉVAS SELON LA BRAHMA-SAMHITA

Pour souligner la suprématie de Krishna et dénoter la position secondaire des dévas, Brahma composa la *Brahma-samhita*. Bhaktisiddhanta Sarasvati Thakur écrit dans son commentaire sur cette œuvre majeure :

« La *Brahma-samhita* réfute le *panchopasana* [l'adoration traditionnelle de cinq divinités : Vishnou, Surya, Ganesh, Durga et Shiva]… Hétérodoxe et hautement inappropriée, l'adoration de Vishnou dans le cadre du *panchopasana* ne satisfait pas Vishnou… L'adoration de Vishnou comme une des cinq divinités rend Sa dignité suprême et sans égale semblable à celle des autres dieux, et le Seigneur est alors considéré comme un dieu parmi tant d'autres, ce qui est une grave offense sur le plan spirituel… C'est le devoir éternel de tous les *jivas* [êtres vivants] de servir [seulement] Krishna, le Seigneur des seigneurs. Tous les autres dieux sont Ses serviteurs. Leur rôle ne consiste qu'à exécuter les ordres de Govinda [Krishna]. Ceux qui conçoivent les dévas comme différents noms et formes de Vishnou au lieu de voir en eux Ses serviteurs n'atteindront jamais la libération. Cinq *shlokas* de la *Brahma-samhita* décrivent la nature des cinq divinités : 1) « J'adore Govinda, le Seigneur originel, sous la direction de qui le déva du soleil – le roi de tous les astres et l'œil de ce monde – accomplit son périple sur la roue du temps. » 2) « J'adore Govinda, le Seigneur originel. Ganesh garde à jamais Ses pieds pareils-au-lotus sur sa tête afin qu'ils lui confèrent le pouvoir d'éliminer tous les obstacles dans les trois mondes. » 3) « J'adore Govinda, le Seigneur originel à qui Durga, Sa puissance externe, obéit en jouant le rôle d'agent créateur, préservateur et destructeur du monde. » 4) « J'adore Govinda, le Seigneur originel, qui Se transforme en Shambhu [Shiva] pour l'accomplissement de l'œuvre de destruction, de la même façon que le lait se transforme en caillé, lequel n'est ni identique ni différent du lait. » 5) « J'adore Govinda, le Seigneur originel, qui Se manifeste comme Vishnou de la même façon qu'une bougie communique sa lumière à une autre bougie qui participe de la même qualité que la première, bien qu'elle existe séparément » [1]

Note

1. Bhaktisiddhanta Saraswati, 1934. "Shri Chaitanya's Teachings", pp. 309-311. Madras : Shri Gaudiya Math.

SHIVA

Shiva, l'ascète couvert de cendres et prince des yogis, est l'une des divinités les plus adorées de l'Inde. Paré d'une guirlande de têtes de mort, il tient un serpent dans une main et un trident dans l'autre. Appelé **Mahadeva** (le grand déva) et **Nataraj** (le roi des danseurs), **Shiva** (le plus propice) est vénéré dans des villes sacrées anciennes comme Bénarès, où ses adorateurs lui consacrent leur vie. Un verset des Écritures décrit ainsi la position de Shiva : « Le Gange est le plus grand de tous les fleuves, Achyuta [Krishna] est la Divinité Suprême et **Shambhu** [Shiva], le vaishnava par excellence… » – *Shrimad Bhagavatam* 12.13.16

Cependant, les Shivaïtes (adorateurs de Shiva) ne le considèrent pas seulement comme le dévot par excellence, mais comme Dieu Lui-même et ce, sur la base des Écritures. Comme l'explique le Seigneur Vishnou dans le *Bhagavatam* (4.7.50) : « Brahma, Shiva et Moi représentons la cause suprême de la manifestation matérielle. Je suis l'Âme Suprême, le témoin, Celui qui Se suffit à Lui-même. Toutefois, d'un point de vue impersonnel, il n'existe aucune différence entre Brahma, Shiva et Moi-même. » En d'autres mots, ces trois divinités ne font qu'une car elles sont toutes des *avatars*; elles sont le Suprême descendu en ce monde pour l'accomplissement de l'œuvre de création, de préservation et de destruction. Dans ce contexte, on les qualifie de *guna-avatars* car elles président aux modes d'influence de la Passion (incarnée par Brahma, le créateur), de la Vertu (incarnée par Vishnou, le préservateur) et de l'Ignorance (incarnée par Shiva, le destructeur). Ces trois divinités sont considérées comme différents aspects du même Dieu.

Le *Mahabharata* (*Anushasana-parva* 135) affirme également que Vishnou et Shiva ne sont pas différents et compte même les noms Shiva, Sharva, Sthanu, Ishan et Rudra – des

noms traditionnellement associés à Shiva – parmi les mille noms de Vishnou. Une telle identification de Shiva avec Vishnou, le Seigneur Suprême, en amène beaucoup à croire que tous les dieux cités dans la littérature védique ne font qu'un. Une étude minutieuse des Écritures révèle toutefois que bien qu'il y ait lieu de voir Shiva comme non différent de Vishnou, il faut aussi établir une différence entre les deux. Selon la *Bhagavad-gita*, que reconnaissent tous les spiritualistes de l'Inde, y compris les *vaishnavas* et les shivaïtes, Vishnou (Krishna) est le Dieu Suprême devant qui même Shiva doit s'incliner. Krishna S'identifie comme la source de tous les mondes, matériel et spirituel (10.8). Arjuna confirme d'ailleurs que Krishna est le Suprême (10.12). En vérité, la suprématie de Vishnou (et par le fait même celle de Krishna) est clairement définie même dans un texte aussi ancien que le *Rig Veda* : « Les pieds pareils-au-lotus de Vishnou incarnent le but ultime de tous les dévas. Les pieds du Seigneur sont aussi lumineux que le soleil dans le ciel. » (*Rig Veda Samhita* 1.22.20)

Dans son commentaire sur le *Shrimad Bhagavatam* (3.9.16) Shrila Prabhupada écrit : « Le Seigneur Se manifeste en trois émanations de Sa Personne – Vishnou, Brahma et Shiva – qui veillent respectivement au maintien, à la création et à la destruction de l'univers. D'entre ces trois agents principaux, maîtres des trois influences de la nature matérielle, Vishnou est le Tout-puissant ; ainsi, bien qu'Il agisse au sein de ce monde de matière en vue d'assurer le maintien de la création, Il n'est pas sujet aux lois matérielles, alors que les deux autres, Brahma et Shiva, pourtant presque aussi puissants que Vishnou, demeurent sous l'emprise de l'énergie matérielle du Seigneur Suprême. »

LE SHIVA LINGAM

Une image iconique inhabituelle à l'aide de laquelle Shiva est parfois adoré revêt la forme de son phallus (lingam). Les ascètes appelés Lingayats ou Vira-Shivas sont particulièrement populaires dans l'Inde du Sud. Ils portent des Shiva lingas (symboles phalliques) miniatures sur leur corps. Ainsi cherchent-ils à se rappeler de leur « nature de Shiva » innée qui peut être découverte, selon eux, grâce à de rudes austérités et à la pratique du yoga.

L'histoire de l'origine du Shiva lingam est intéressante. Prenant un jour en pitié un groupe de sages se livrant à de rudes austérités dans la jungle, Parvati – la compagne de Shiva – le pria de leur conférer la réalisation et de les dégager de leurs austérités. Mais Shiva refusa en disant qu'ils étaient encore enclins à la colère. Pour démontrer ce qu'il avançait, Shiva apparut dans la forêt sous la forme d'un yogi d'une grande beauté et séduisit les épouses des sages. Furieux, les sages attaquèrent Shiva et le castrèrent. Shiva disparut aussitôt et l'univers entier se mit à trembler. Reconnaissant leur impudence, les sages l'implorèrent alors de leur pardonner et de ramener le calme dans le monde. Shiva accepta à condition que les sages l'adorent désormais sous la forme de son lingam.

De nos jours, les Shivaïtes façonnent le lingam dans la pierre, le marbre ou le métal. On retrouve également des lingams faits de sable et de cailloux. Parfois même, on les vénère sous la forme de fourmilières. Les lingams les plus vénérés sont ceux qui se forment naturellement, comme par exemple, l'Amarnath Lingam – une formation de glace qui ne fond jamais.

DURGA

Durga est la déesse de la création matérielle. Qu'on l'appelle par son nom grec (Gaïa), africain (Oshun), égyptien (Isis) ou la centaine d'autres noms qu'on lui attribue à travers le monde, il s'agit en fait de la même divinité : notre mère la Terre (Bhu en sanskrit). La *Brahma-samhita* (5.43), dans sa description des quatre plans d'existence, explique que l'univers matériel est celui où Durga sert le Seigneur.

Le plus haut plan, celui de Krishna, est la manifestation la plus élevée du royaume de Dieu. Juste au-dessous se situe Hari-dham, ou Vaikuntha. Encore plus bas, on découvre Mahesh-dham, le séjour de Shiva et de ses adorateurs. Vient enfin l'univers matériel, Devi-dham, où la déesse (mère de l'univers) exerce son influence sur les êtres vivants qui peuplent les 14 systèmes planétaires qu'il comporte. La *Brahma-samhita* (5.44) décrit ainsi la déesse : « Maya, l'énergie externe du Seigneur, qui est par nature l'ombre de l'énergie spirituelle (*chit*), est adorée par tous sous la forme de Durga – l'agent créateur, préservateur et destructeur de l'univers matériel. J'adore Govinda, le Seigneur originel, à la volonté duquel Durga obéit. »

Dans ce verset, la divinité tutélaire de Devi-dham est identifiée à Durga, déesse dont l'apparence physique est à la fois terrifiante et symbolique. Souvent dépeinte avec dix mains représentant les dix formes d'action intéressée, elle se déplace sur un lion féroce qui signifie son héroïsme, et piétine Mahishasura, un buffle démoniaque qui est dit représenter tous les vices. Épouse de Shiva, Durga est la mère de deux fils, Karttikeya et Ganesh, qui incarnent respectivement la beauté et le succès. De plus, elle tient un serpent qui évoque le temps destructeur ainsi que vingt armes diverses, dont chacune représente différents actes de piété que recommandent les Védas pour réprimer les vices.

Durga s'incarne sous diverses formes. Même si ces manifestations – dont Kali et Uma – sont adorées comme des déités distinctes dotées de caractéristiques spécifiques, elles n'en sont pas moins des aspects de la même déesse. En d'autres mots, quand les habitants de l'Inde parlent d'une « déesse » générique, ils désignent généralement l'une des nombreuses déesses qui se superposent : Durga, Kali, Mahadevi, Mayadevi (la reine de l'énergie matérielle), etc. Compagne de Shiva, Durga porte de nombreux noms : Parvati, Gauri, Uma, Devi, Bhavani… Ses attributs variés

Durga revêt ici l'une de ses formes les plus redoutables.

revêtent différentes manifestations, selon l'aspect sur lequel se concentre l'adorateur. Parvati, Gauri et Uma sont très bienveillantes et généralement dépeintes comme étant aussi bonnes qu'aimantes. Durga est souvent représentée comme une déesse héroïque au combat, voire sanguinaire, mais pas aussi ouvertement que son alter ego, Kali, bénéficiaire de sacrifices d'animaux.

On identifie la déesse à *prakriti* (la nature matérielle) et *maya* (l'illusion). À vrai dire, deux de ses noms les plus populaires sont Mulaprakriti « l'incarnation de la matière primordiale » et Mahamaya « la grande illusion ». Ceci mérite qu'on s'y attarde. Krishna dit dans la *Bhagavad-gita* (9.10) : « L'énergie matérielle [*prakriti*] agit sous Ma direction, ô fils de Kunti, engendrant tous les êtres, mobiles et immobiles. » Durga est *prakriti*. Krishna est le maître qui dirige Durga, Sa subordonnée. Celui qui ne reconnaît pas cette vérité verra Durga se changer en Mahamaya – la grande illusion.

Maya

Mayadevi et son époux, Shiva.

En termes simples, *maya* signifie « illusion ». Par extension, ce mot désigne « l'existence matérielle ». Ce qui ne signifie pas pour autant que la vie matérielle dans son tout constitue une illusion.

Selon Fritjof Capra dans *The Tao of Physics* (Boston, Shambala Publications, 1991, p. 88) :

« Maya… ne signifie pas que le monde est une illusion, comme on le dit souvent à tort. L'illusion réside uniquement dans notre point de vue… Maya est l'illusion qui consiste à prendre notre point de vue relatif pour la réalité, à confondre la carte avec le territoire. »

Shrila Prabhupada définit *maya* comme « ce qui n'est pas », tandis que son maître, Shrila Bhaktisiddhanta Sarasvati Thakur, préfère « ce qu'on peut mesurer ». Voilà deux définitions qui semblent contradictoires. Comment peut-on mesurer ce qui n'existe pas ?

L'univers matériel existe, mais de façon temporaire. On le compare à un rêve qui subsiste quelque temps, puis finit par disparaître. Quand Prabhupada dit que *maya* « n'existe pas », il parle de l'existence matérielle qui ne perdure ou « n'existe pas » parce qu'elle sombre bientôt dans l'oubli.

La définition de Bhaktisiddhanta Sarasvati s'applique aussi à l'existence matérielle : le matériel est mesurable alors que le spirituel est infini. Par définition, la matière est temporaire et limitée (mesurable), tandis que le spirituel est éternel et infini (incommensurable). Ainsi, même si Prabhupada et son maître utilisent une terminologie différente et abordent le sujet d'un angle différent, ils définissent *maya* plus ou moins de la même façon : elle forme l'essence même de l'existence matérielle. La déesse Maya (aussi appelée Kali ou Durga) personnifie cette existence temporelle. Les Shaktas (ses adorateurs) la vénèrent comme la déesse

suprême, la mère de la création. Il est intéressant de noter que les mots « mère » (*mata* en sanskrit) et « matière » sont étymologiquement reliés par la même racine latine. De sorte que la terminologie en soi évoque l'identité entre la déesse et la nature matérielle.

« La déesse Durga, écrit Prabhupada, est la divinité maîtresse de l'univers formé d'éléments matériels. Les dévas ne sont qu'autant d'administrateurs chargés du bon fonctionnement des différentes sphères d'activité matérielle, sur qui s'exerce l'influence de cette même énergie matérielle appelée *maya*. »

Durga, ou Mayadevi, recouvre les êtres vivants de sa puissance mystique, leur permettant ainsi de vivre leurs illusions dans l'univers matériel. Toutefois, les êtres qui choisiront de retrouver leur conscience spirituelle verront Mayadevi se transformer en Yogamaya, son homologue spirituelle. La raison d'être de Yogamaya en ce monde matériel est tout le contraire de celle de Maya. Tandis que cette dernière crée une situation où les âmes vivent dans l'illusion et l'oubli de Dieu, Yogamaya crée une atmosphère grâce à laquelle elles peuvent transpercer les illusions temporelles et savourer l'intimité de la source de toute existence.

> Cette terrifiante déesse est souvent dépeinte avec de nombreux bras et chevauchant un animal féroce, tout en exerçant son influence sur les habitants de l'univers matériel.

Ganesh
le déva à tête d'éléphant

Le déva à tête d'éléphant Ganesh est vénéré par un milliard d'hindous à travers le monde. Vu comme celui qui écarte les obstacles et les influences néfastes, Ganesh est souvent le gardien des seuils et des entrées. Il apporte la prospérité aux foyers. Comme on lui rend également un culte juste avant les cérémonies religieuses, privées ou publiques, il est aussi connu sous le nom de «seigneur des commencements».

Avec son corps humain, sa tête d'éléphant et son ventre proéminent, Ganesh est peut-être le déva le plus facile à identifier. Son image orne les murs des temples, des boutiques et des maisons de l'Inde entière. On le représente debout, assis ou dansant, avec son joyeux visage d'éléphant au regard fixé devant lui. Scribe de Vyasadeva, Ganesh coucha par écrit une partie de la littérature védique que Vyasa lui dictait. Aussi le représente-t-on souvent en train d'écrire sur une feuille de palmier avec une plume d'oie. On le voit d'autres fois tenant dans l'une de ses quatre mains une de ses défenses cassées. Dans une deuxième main, il tient une hachette (*parashu*) qui, selon certains textes, sert à «trancher toutes les illusions et les faux enseignements». Sa troisième main fait un signe rassurant pour éloigner toute crainte (*varada-hasta-mudra*). Il tient également un crochet (*ankusha*), semblable à celui du dompteur d'éléphants, qui symbolise l'insistance sur une formation adéquate (*sadhana*) et une discipline spirituelle. Dans une autre main encore, il tient souvent une corde avec un nœud coulant (*pasha*) utilisée pour brider les animaux sauvages, signifiant ici qu'il faut tenir en bride les passions et les désirs nés de la concupiscence. Parfois, Ganesh tient aussi des sucreries (*modaka*) dont on dit qu'il est très friand, d'où son ventre proéminent.

Les textes védiques décrivent Ganesh comme le fils de Shiva et Parvati (Durga), quoique cette filiation soit très particulière. Selon une version, Shiva engendre un fils à partir de son propre corps. Doté de traits charmants, le fils devient un séducteur. Offensée par ses exploits, Parvati prononce une

malédiction contre son fils qui lui confère une tête d'éléphant et un gros ventre ; en d'autres mots, il n'est plus très attirant. Assagi, il prend finalement deux épouses, Buddhi « la sagesse » et Siddhi « le succès », qui voient au-delà de son absence de beauté physique. Avec le temps, Ganesh devient le commandant (*gana-isha* ou *gana-pati*) des troupes de Shiva. Désormais célèbre du fait qu'il enlève les obstacles pour les dévas ou les dévots du Seigneur alors qu'il en crée au contraire pour les êtres démoniaques, on le nomme Vinayaka (celui qui supprime les obstacles) et Vighneshvara (le seigneur des obstacles).

Dans une autre version plus populaire de l'histoire de Ganesh, Parvati désire se sentir protégée de la passion de Shiva, son époux. Créant un fils à partir de sa propre transpiration, elle le nomme gardien de sa résidence. Bientôt, Shiva cherche à entrer dans ses appartements privés. Ignorant qui est Shiva, Ganesh lui en refuse l'accès et l'écarte de la porte de Parvati. Furieux, Shiva – qui ne tolère pas qu'on l'offense de quelque manière que ce soit – fait appel à ses serviteurs (*ganas*) pour qu'ils suppriment ce personnage outrecuidant. Ganesh les vainc toutefois l'un après l'autre. Finalement, Shiva va décapiter Ganesh. En voyant son fils dans cet état, Parvati décide d'envoyer une multitude de déesses harceler les dévas. Le message qu'elles transmettent ainsi est clair : leur reine ne sera amadouée que si son gardien est ressuscité. Shiva ordonne alors aux dévas de joindre une nouvelle tête au corps de Ganesh, qui reviendra ainsi à la vie. Le sort voulut que ce soit la tête d'un éléphant.

Toutes les religions contiennent des éléments qui dépassent les limites de la raison. J. Stillson Judah, un érudit associé à la *Graduate Theological Union* de l'Université de Californie et l'auteur de la première étude académique du Mouvement Hare Krishna, écrit à ce propos :

« Si pour le non-initié les "divertissements de Krishna" [ou de Ganesh] semblent miraculeux ou illogiques, il faut alors se poser la question suivante : la prise de conscience d'une réalité supérieure, que toutes les religions disent être un mystère divin, ne naît-elle pas le plus souvent d'une participation à l'irrationnel, au paradoxe – et pour l'incrédule à l'absurde ? Pour beaucoup de bouddhistes, elle peut naître d'une méditation sur les paradoxes du pragya-paramita ou des koans dénués de sens ; pour les pentecôtistes, elle parle à travers le charabia incohérent de la glosso-lalie ; pour les catholiques, elle implique le mystère de la transsubstantiation du pain et du vin en la substance du corps et du sang du Christ durant la messe ; et pour les musulmans, elle peut survenir durant le pèlerinage à la Mecque quand ils marchent à petits pas rapides entre les monts de Saffa et de Marwah, imitant Hagar dans sa quête de l'eau. »

L'histoire de Ganesh nous semble fantastique et incroyable. Mais, quand on y pense, elle ne pourrait être autrement !

Brahma
le premier être créé

Selon les Puranas, l'univers matériel commence avec Brahma, le déva aux multiples têtes qui habite la plus haute planète du cosmos (Brahmaloka). Brahma est également appelé Pitamaha, ou l'Aïeul, puisqu'il est le premier être créé et le précepteur (guru) originel de tous les sages.

Les *vaishnavas* considèrent Brahma comme la manifestation du Seigneur (*guna-avatar*) qui préside au mode d'influence de la Passion. La nature de Brahma est donc mise à contribution dans l'œuvre de la création. Ainsi est-il le déva créateur et l'ancêtre de l'humanité, tandis que Vishnou est le préservateur – et maître du mode d'influence de la Vertu – et Shiva le destructeur, présidant au mode d'influence de l'Ignorance. Dans l'hindouisme populaire, cette triade d'*avatars* (*trimurti*) est vue comme diverses formes d'un seul et unique Dieu. Mais une étude minutieuse révèle que Shiva et Brahma sont subordonnés à Vishnou (ou Krishna, le Seigneur Suprême).

Le *Shrimad Bhagavatam* (2.9) décrit l'illumination de Brahma. À l'aube de la création, il naît sur un lotus qui émerge du divin nombril de Vishnou. Se retrouvant dans un nouveau monde, Brahma ignore sa propre identité et le but de l'existence. Cherchant à comprendre ses origines, il glisse le long de la tige du lotus spirituel mais sans trouver de réponse à son dilemme. Finalement, il entend la voix de son Seigneur et Maître, Vishnou, qui prononce deux syllabes : *ta-pa* (littéralement « austérité » ou « pénitence »). Ces syllabes étant chargées de sens, Brahma accepte de se plier à l'austérité en méditant pendant mille années célestes (des milliards d'années terrestres). À la fin de cette période, Brahma est à même de contempler d'abord le séjour du Seigneur, puis Dieu Lui-même. L'Être Suprême lui énonce alors les quatre versets essentiels du *Bhagavatam*, lesquels définissent le sens de la vie. Purifié par la voix du Seigneur, Brahma peut alors créer l'univers matériel.

Dans sa *Brahma-samhita* (5.24–29), Brahma développe le récit du *Bhagavatam* sur son illumination de la façon suivante. À l'aube des temps, il baignait dans l'obscurité totale, perplexe quant à son rôle de créateur de l'univers. C'est alors que Saraswati, la divine compagne du Seigneur Suprême, lui apparut et lui enseigna l'art de méditer sur le *kama-bija-mantra*. Elle lui promit qu'en le récitant il obtiendrait tout ce dont il avait besoin.

Après avoir médité sur ce mantra confidentiel pendant une centaine d'années célestes, Brahma perçut le son de la flûte de Krishna. Cherchant à reproduire ce son avec sa bouche, il s'entendit prononcer le mantra ésotérique appelé *kama-gayatri*. Ce mantra le purifia de toute illusion, de sorte qu'il put dès lors procéder à l'œuvre de création des mondes matériels dans le cadre de son service à Krishna.

Brahma commence chacune de ses journées en méditant sur le Seigneur Suprême. Il prie afin de « pouvoir Le servir en créant l'univers matériel et ne pas être atteint par la souillure matérielle dans le cours de son œuvre. » (*Bhagavatam* 3.9.23) En d'autres mots, Brahma admet qu'il dépend du Seigneur. C'est pourquoi, au contraire de plusieurs autres dévas, on le méprend rarement pour le Suprême.

Saraswati
la déesse du savoir

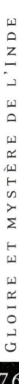

Saraswati est glorifiée comme la sagesse personnifiée dans les parties les plus anciennes de la littérature védique. Sa renommée s'étend jusqu'à la tradition bouddhiste, où elle est décrite comme la compagne de Manjushri, le dieu de la sagesse. Le *Shrimad Bhagavatam* (1.2.4) proclame que son nom doit être invoqué avant la récitation de ce texte vaishnava essentiel. De toute évidence, elle occupe une position spéciale, ce qui indique une fois de plus l'importance que la tradition vaishnava accorde au féminin.

Quand Brahma, le premier être créé, se trouva perplexe quant à la création de l'univers matériel, ce fut Saraswati qui vint à son aide (*Brahma-samhita* 5.24-25). Tout en lui donnant le mantra Gayatri, elle lui dit que la méditation sur ce mantra comblerait tous ses désirs. Suivant son conseil, Brahma fut à même de créer le cosmos matériel comme on l'a décrit précédemment. En outre, les *Puranas* nous informent que Saraswati s'est incarnée comme la rivière sacrée de l'Inde du même nom.

Saraswati est dépeinte vêtue d'élégantes robes blanches ou rouges, assise sur un lotus blanc. Dans ses mains, elle tient un livre (symbolisant le savoir), un *japa* (qui, comme le chapelet en Occident, sert à la prière) et une *vina* (instrument à cordes utilisé dans la musique traditionnelle de l'Inde). Le *Rig Veda* associe Saraswati à la déesse du son (Vak) et l'identifie non seulement

comme la déesse du savoir mais aussi de la musique. Sa monture habituelle est le cygne, mais on la voit parfois montée sur un bélier, un hibou, un perroquet ou un paon. Elle incarne l'essence même du savoir. Les pensées brillantes qu'on exprime de façon mélodieuse naissent de sa grâce.

LA RIVIÈRE SARASWATI

La célèbre rivière Saraswati coule à travers l'Inde du Nord et, selon le *Mahabharata* (*Adi-parva* 16.19), quiconque boit de son eau sera affranchi de tout péché. Malheureusement, la rivière Saraswati n'est pas si facile à localiser. Même s'il y a plusieurs millénaires, à l'époque du *Rig Veda*, on en connaissait l'emplacement exact, la rivière Saraswati est désormais invisible aux yeux du commun des mortels. Au contraire du Gange ou de la Yamuna, la Saraswati ne peut être découverte en explorant les rivières sacrées de l'Inde du Nord. Néanmoins, on dit que les grands yogis peuvent l'apercevoir en se rendant au confluent des trois rivières près de la ville moderne d'Allahabad.

Des découvertes géologiques suggèrent que la Saraswati (connue des géologues sous le nom de Ghaggar-Hakra) s'est tarie autour de 1900 avant J.-C. En outre, le balayage infrarouge aérien révèle maintenant le cours de l'ancienne rivière. À l'aide de cette méthode, les géologues situent l'embouchure de la rivière originelle près du Rann de Kutch, adjacent au désert de Thar. Ainsi les pèlerins peuvent-ils visiter l'endroit où la rivière sacrée étanchait jadis la soif des âmes réalisées.

Hanuman

Les singes offrent un spectacle familier dans plusieurs régions de l'Inde. Le langur – grand et svelte simien à longue queue, au pelage gris pâle, à la face, aux mains et aux pieds noirs – habite les bois, les ruines et les lieux saints. On dit qu'il serait le descendant d'Hanuman, héros au corps de singe et **serviteur de Rama**.

Hanuman est l'une des figures sacrées les plus populaires de l'Inde. On le représente souvent agenouillé les mains jointes devant son Seigneur, Ramachandra, Sita (l'épouse de Rama) et Lakshman (le frère de Rama).

Hanuman fait sa première entrée en scène dans le quatrième livre (*Kishkindha-khanda*) du *Ramayana* de Valmiki, mais n'occupe guère le devant de la scène avant le cinquième livre (*Sundara-khanda*), où nous sommes témoins de sa dévotion exemplaire pour Sita et Rama. De fait, Hanuman est parfois dépeint ouvrant sa poitrine pour révéler l'image de Rama qui y réside. On le voit également s'élancer dans le ciel tout en soutenant de son bras un sommet du massif de l'Himalaya. On le dépeint aussi faisant avec les mains la gestuelle (*mudra*) qui efface les craintes (*abhaya*) et accorde les bénédictions (*varada*).

Dans le dernier livre (*Uttara-khanda*) du *Ramayana*, le sage Valmiki retrace la naissance et l'enfance d'Hanuman. Tout jeune enfant, Hanuman prit un jour le soleil pour un fruit. Quand il chercha à s'en emparer, le déva Indra le jeta à terre et lui brisa la mâchoire d'un coup de foudre. Le déva du vent, qui était le père d'Hanuman, incita par compassion les autres dieux à couvrir son fils de bénédictions peu communes. Ce qui explique les célèbres prouesses physiques et les aptitudes surnaturelles d'Hanuman. Dans sa jeunesse, notre héros vandalisa par jeu les *ashrams* des ascètes de la forêt, qui réagirent en lui lançant la malédiction d'oublier tous ses pouvoirs et ce, jusqu'au jour où il rencontrerait le Seigneur Rama. Hanuman retrouverait alors ses pouvoirs et les utiliserait pour le souverain bien de tous. Hanuman était bel et bien un singe. Valmiki le décrit à l'aide du mot *vanara*, dont le premier sens est « propre à la forêt », « animal de la forêt », bien qu'on l'utilisa bientôt pour désigner spécifiquement les singes. Hanuman

Dévot jouant le rôle d'Hanuman, le héros au corps de singe, dans une représentation du Ramayana.

Hanuman approche Sita au nom de Rama.

manifestait souvent les caractéristiques propres à ses descendants. Selon le *Ramayana* (5.53.111), il était porté à sauter d'un arbre à l'autre et se montrait habituellement très espiègle.

Néanmoins, Hanuman et ses frères simiens ressemblaient davantage aux humains. Ce qui devient évident lorsque Valmiki décrit leur langage, leurs vêtements, leurs rites funéraires, leurs demeures et leurs festivals de consécration. En d'autres mots, Hanuman et les *vanaras* du Treta-yuga (il y a plusieurs centaines de milliers d'années) étaient mi-hommes mi-singes. Mais ils étaient aussi sans aucun doute des êtres semi-divins dotés des pouvoirs mystiques que confère la pratique du yoga. Ainsi pouvaient-ils assumer la forme de leur choix, de gigantesque à minuscule. Valmiki écrit qu'Hanuman pouvait s'élancer dans le ciel comme un être magique. Il ajoute toutefois que son plus grand pouvoir était sa dévotion pour Rama.

HANUMAN : DIEU OU DÉVOT ?

De grandes œuvres poétiques et littéraires, dont le *Hanuman Chalisa*, virent le jour dans l'Inde médiévale et élèvent Hanuman au rang d'un dieu. Impressionnés par les qualités exceptionnelles d'Hanuman, plusieurs natifs de l'Inde voient en lui une divinité indépendante de Rama. Toutefois, les Écritures nous font bien comprendre qu'Hanuman et les *vanaras* sont des dévots et non des dieux. Tout au long du *Sundara-khanda*, le *Ramayana* démontre clairement la suprématie de Rama. Dans de sublimes monologues emplis de dévotion, Hanuman y comble Rama de louanges sans fin. De toute évidence, Hanuman est un dévot, (un *bhakta*) et Rama est Dieu (Bhagavan).

Hanuman fuit le courroux de Ravana.

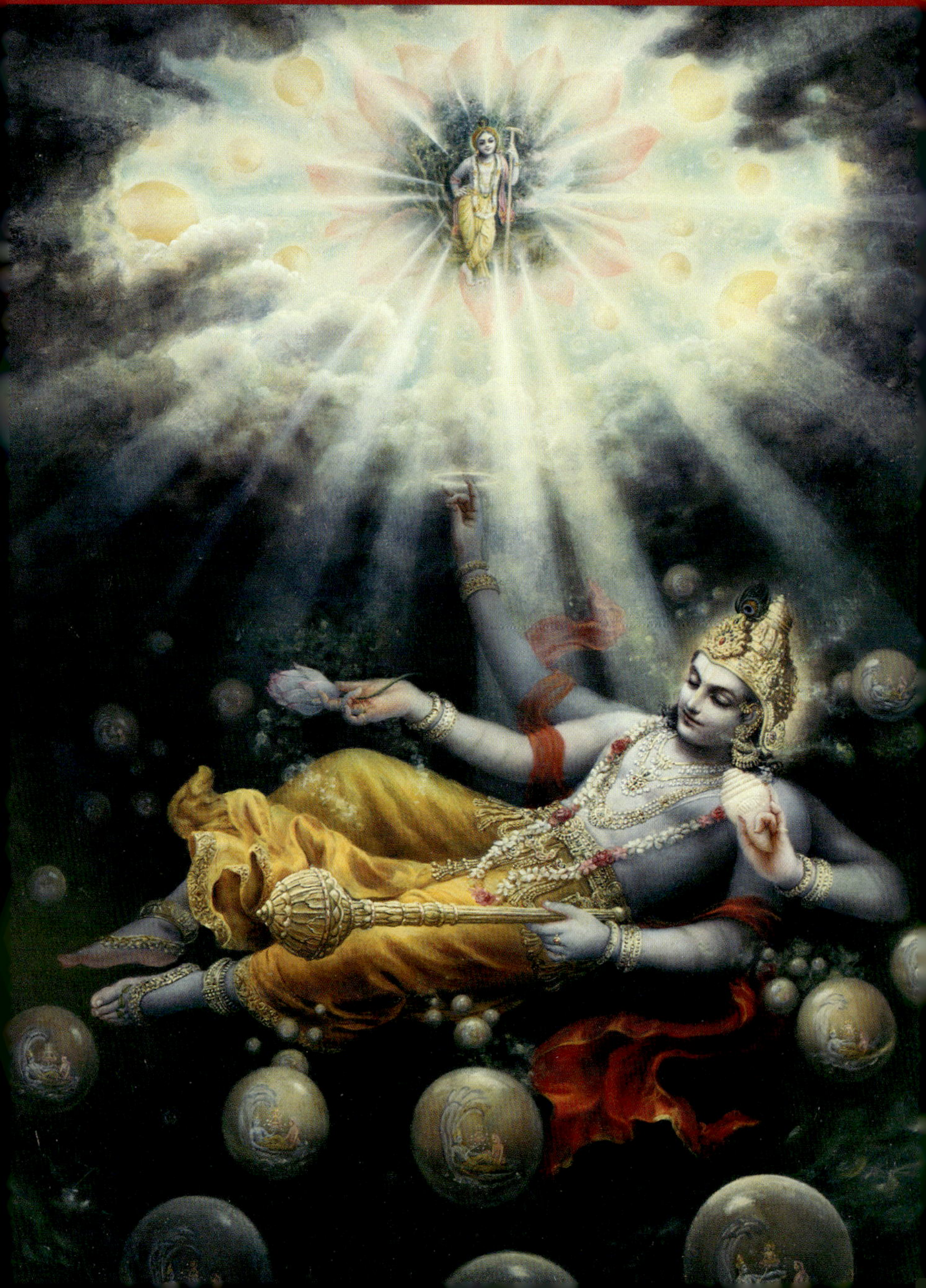

Le temps et l'espace

5

« Je suis le temps, grand destructeur des mondes… »
– Shri Krishna
Bhagavad-gita 11.32

Les Quatre âges

En contraste avec le concept occidental du temps linéaire, les textes sacrés de l'Inde considèrent la réalité sous l'angle de cycles appelés yugas. Le cycle actuel de l'Histoire est vu comme un parmi tant d'autres qui se répètent éternellement. Chaque âge cède la place à un nouvel âge et le cycle recommence. Ce mécanisme se retrouve aussi dans la nature : les saisons comme les jours de la semaine se répètent, le jour se change en nuit et la nuit redevient jour.

Les sages de l'Inde voient dans ce phénomène une indication du déroulement de tous les aspects de la vie en ce monde : la vie ne prend pas fin à la mort ; au contraire, l'âme se réincarne dans un nouveau corps. Ainsi l'âme vit-elle un cycle d'existences de la même façon que les différents âges du temps cosmique se répètent.

L'Histoire de l'univers se déroule en une succession de cycles extrêmement longs appelés *divya-yugas* et dont les textes védiques décrivent en détail la durée. Chaque *divya-yuga* est formé de quatre âges qui diminuent progressivement en longueur : le Satya-yuga (parfois nommé Krita-yuga) dure 1 728 000 ans ; le Treta-yuga dure 1 296 000 ans ; le Dwapara-yuga dure 864 000 ans ; le Kali-yuga, l'âge actuel, dure 432 000 ans. Ces quatre périodes correspondent respectivement aux âges d'or, d'argent, de cuivre et de fer.

Le Kali-yuga dans lequel nous vivons a commencé il y a plus de 5 000 ans. Il s'achèvera dans quelque 427 000 ans avec une destruction partielle de l'univers, qui sera suivie d'un nouveau Satya-yuga.[1] Selon les textes védiques, au fur et à mesure que les âges décroissent, du Satya au Kali-yuga, la piété et autres vertus déclinent dans la même proportion.

L'ensemble des quatre *yugas* (soit un *divya-yuga*) dure 4 320 000 années humaines. Un millier de tels cycles (4,32 milliards d'années) forme un seul jour de la vie de Brahma et chacune de ses nuits est d'une durée analogue. Quand tombe la nuit et que Brahma dort, la plupart des planètes sombrent dans les eaux de la dévastation. Au terme de sa nuit, Brahma s'éveille à l'aube d'un autre jour de mille cycles. Chacune des cent années de la vie de Brahma compte 360 jours et nuits de cette envergure.

Note

1. *Voici les formes d'adoration propres à chaque âge : durant le Satya-yuga, la méditation profonde permet d'atteindre l'Absolu ; lors du Treta-yuga, ce sont les sacrifices fastueux ; dans le Dwapara-yuga, l'adoration de la Divinité ; dans l'âge de Kali, le chant du saint nom du Seigneur.*

La vie de Brahma couvre l'entière durée de l'univers, lequel est sans cesse créé puis détruit. Avec chaque création, naît un nouveau Brahma. Des dévastations partielles et complètes de l'univers surviennent à intervalles réguliers. Le jour actuel de Brahma a commencé il y a 2,3 milliards d'années.

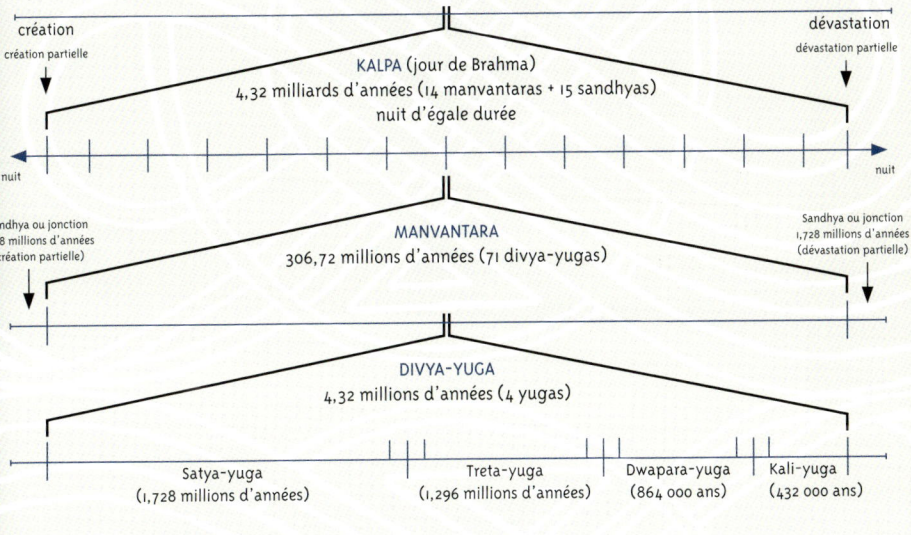

Le Temps

On ne pouvait parler du concept élargi du temps dont traite la tradition vaishnava sans d'abord présenter une description des quatre yugas. Toutefois, le concept vaishnava du temps est loin d'être limité au cycle fondamental des yugas. Le calendrier solaire divise l'année en six saisons déterminées par l'astronomie : le printemps *(vasanta)*, la saison chaude *(grishma)*, la saison des pluies *(varsha)*, l'automne *(sharad)*, l'hiver *(hemanta)* et la saison fraîche *(shishira)*. De plus, le jour solaire de 24 heures se divise en 30 *muhurtas* (de 48 minutes chacun), le *muhurta* se divisant à son tour en 2 *ghatis* (de 24 minutes chacun). Chaque *ghati* se décompose ensuite en 30 *kalas* (de 48 secondes chacun), et chaque *kala* se divise en 2 *palas* (de 24 secondes chacun). Chaque *pala* se décompose en 6 *pranas* (de 4 secondes chacun), chaque *prana* se divisant ensuite en 10 *vipalas* (de 0,4 secondes chacun). Chaque *vipala* se décompose enfin en 60 *prativipalas* (de 0,00666 secondes chacun). Ainsi le temps est-il calculé jusqu'à sa plus infime mesure.

D'un point de vue théologique, les textes védiques définissent le temps comme une des puissances du Seigneur. Mesuré en fonction des mouvements des atomes, il est identifié à Krishna Lui-même ou à Son aspect impersonnel omniprésent. Cette particule atomique (appelée *anu*) est l'une des composantes fondamentales de la nature matérielle. Le *Bhagavatam* explique plus avant que les atomes couvrent un certain espace matériel et sont par conséquent soumis à l'influence du temps (puisque le temps se mesure en fonction du mouvement dans l'espace). Comme et le temps et l'espace sont de nature matérielle, le *Bhagavatam* les associe à *maya*, l'illusion. En d'autres mots, tout changement qui résulte des vicissitudes du temps s'avère aussi temporaire qu'un rêve. Seuls Krishna et Ses *avatars* échappent aux contraintes du temps, car Ils appartiennent au monde spirituel.

Néanmoins, le temps semble exister d'une certaine façon dans le royaume spirituel. En effet, au fil de Ses divertissements, Krishna Se lève le matin, trait les vaches, puis déjeune ; Il Se rend ensuite dans la forêt avec Ses amis et Ses vaches pour y jouer toute la journée. Le soir venu, Il revient dans Son village, Vrindavan, etc. Notons toutefois que tous ces divertissements existent simultanément, chaque instant s'inscrivant dans un éternel présent. Puisqu'il s'agit ici d'un concept insondable du temps, les écrits védiques concluent que dans le monde spirituel, le temps (tel qu'il nous est connu) brille par son absence.

Si le temps tel qu'il nous est connu n'existe pas dans le monde spirituel, dans l'univers matériel tous les êtres y sont soumis et doivent ainsi subir morts et renaissances répétées. Dès leur venue en ce monde, ils traversent avec le temps les six étapes de l'existence : naissance, croissance, maturité, reproduction, déclin et mort.

LA COSMOLOGIE VÉDIQUE

Par cosmologie, on entend l'étude de l'univers physique, comprenant sa structure et sa signification. On pourra donc se demander ici pourquoi les textes vaishnavas, qui se concentrent sur l'âme et la relation qui l'unit à Dieu, traitent de ce sujet. Après tout, le monde extérieur est de toute évidence un phénomène matériel par opposition à un phénomène spirituel. Néanmoins, celui qui comprend le vaishnavisme sait qu'il ne traite pas uniquement de thèmes spirituels en soi, mais aussi de la dimension spirituelle de tout ce qui est matériel. Les vaishnavas tiennent ainsi à comprendre et à utiliser l'univers et tout ce qu'il contient au service du Divin. Dans cet esprit, les textes védiques comportent des analyses détaillées des univers matériels et de la façon dont la vie sur tel ou tel autre système planétaire peut favoriser ou non notre quête de Dieu.

Chose étonnante, ces textes anciens révèlent des détails sur l'univers qui demeurent absents des études modernes sur le sujet. Qu'on accepte ou non ces informations, leur somme s'avère si importante qu'on se demande où les Anciens ont pu puiser des détails si abondants? Pourquoi leur connaissance de la cosmologie semble-t-elle aussi cohérente et minutieuse?

Les livres les plus importants sur la cosmologie védique sont certainement le *Bhagavatam* et le *Vishnou Purana*, mais on en découvre toute la complexité dans le *Surya-siddhanta*, un ouvrage mystique révélé par le déva du soleil il y a quelque 2 millions d'années. En gros, la cosmologie qu'il contient partage le monde matériel en d'innombrables univers, chacun renfermé dans une sorte d'écorce sphérique formée de diverses couches de matière élémentaire. Chaque univers comprend 14 systèmes planétaires, allant du plus bas au plus haut. Il est intéressant de noter que la cosmologie védique est géocentrique, et qu'elle situe la Terre et les autres planètes semblables au milieu de l'axe de ces systèmes planétaires. Elle n'est pas pour autant ethnocentrique puisque le mont Mérou, reconnu dans ce système du monde comme

le centre de l'univers, se dresse à une grande distance du sous-continent indien. Notons toutefois que dans un sens mystique, on considère Vrindavan comme le centre de l'univers.

Puisque les planètes terrestres sont dites à distance égale des deux extrêmes du cosmos, les mondes terrestres sont considérés comme le terrain neutre idéal où résoudre son karma, entre les délices paradisiaques des sphères supérieures et les tourments des planètes inférieures. Aussi, les grands dévas des dimensions supérieures prient-ils pour renaître sur la Terre où ils pourront réfréner leur sensualité assez longtemps pour servir le Seigneur. Les âmes tourmentées des planètes inférieures espèrent aussi naître dans les mondes terrestres, car ils pourront ainsi être soustraits assez longtemps à la souffrance pour y poursuivre une quête supérieure.

Les sept régions sous-terrestres sont toutes nommées dans les textes védiques et le sort des infortunés qui habitent ces mondes est aussi décrit dans les détails. La région intermédiaire, terrestre, comprend Svarloka, Bhuvarloka et Bhurloka (la Terre). De là, on peut être promu aux quatre systèmes planétaires supérieurs – Maharloka, Janaloka, Tapoloka et Satyaloka, les plus hautes sphères édéniques – à condition d'agir avec piété et d'accumuler un bon karma. Sinon, il faudra retomber sur des planètes inférieures.

Les textes védiques décrivent la longévité prodigieuse et les intérêts quotidiens des êtres habitant les planètes supérieures, sans être avares de détails. Chose extraordinaire là encore, ces textes ancestraux offrent des données extrêmement détaillées sur un sujet qui pourrait sembler dépasser le cadre de tels écrits. Pour en savoir davantage, voir *Mysteries of the Sacred Universe* de Richard L. Thompson (Alachua, Floride, Govardhan Hill Publishing, 2000).

LE PASSAGE À LA MATIÈRE

Les textes védiques enseignent que lors de sa première incarnation dans l'univers matériel, l'âme peut habiter l'une des planètes matérielles les plus élevées. Une telle incarnation étant initialement pure du fait que l'âme n'a jamais vécu dans le monde matériel auparavant, son corps n'est pas fait de matière brute. Il n'est composé que de matière subtile, c.-à-d. de pure intelligence. Mais voici qu'au contact de passions irrationnelles, l'âme est ravalée peu à peu jusqu'à la forme de vie la plus basse : un organisme unicellulaire appelé Indragopa qui vit sur une planète inférieure. De là, l'âme évolue graduellement à travers les 8 400 000 formes de vie pour reprendre naissance avec le temps sur une planète terrestre, d'où elle pourra à nouveau s'élever ou se dégrader.

Le monde spirituel

Après avoir brièvement décrit les 14 divisions des systèmes planétaires matériels dans les pages précédentes, explorons maintenant l'univers **multidimensionnel** du **monde spirituel**. Même si le cosmos matériel est inconcevablement vaste, en comparaison, il est **infiniment petit**.

Les textes *vaishnavas* décrivent Devi-dham, ou le monde matériel, comme le plus bas de tous les plans d'existence. Mahesh-dham, ou le séjour de Shiva, se situe un peu plus haut que les multiples univers qui peuplent Devi-dham. Les mondes que comportent Devi-dham et Mahesh-dham vont des systèmes planétaires inférieurs et intermédiaires (dont la Terre), faits de matière brute, à ceux presque entièrement formés d'énergie subtile : mental, ego et intelligence.

Au-delà de ces sphères inférieures se trouve Hari-dham, aussi appelé Vaikuntha. C'est le monde spirituel même, où n'existe aucune imperfection matérielle et où la vie est éternelle. Et par-delà la plus haute sphère de Hari-dham se situe Goloka, la demeure suprême de Krishna. La *Brahma-samhita* et les écrits des Six Goswamis de Vrindavan expliquent en détail pourquoi Goloka incarne le plus haut séjour spirituel.

Précisons qu'à l'extérieur de l'écorce du cosmos matériel se trouve la rivière Viraja, au-delà de laquelle on retrouve les âmes libérées ou affranchies de l'existence dans la matière. Plus loin encore, on découvre le Paravyoma, où vivent en nombre infini les *avatars* ou manifestations partielles de Krishna. Là, on peut situer les planètes de Nrishimha, Vamana et Rama entre autres, que les dévots de ces incarnations divines peuvent atteindre après la mort.

Au-dessus de toutes les autres sphères, se trouve la planète suprême de Krishna, Goloka, qui peut revêtir l'aspect de Dwaraka, où l'opulence règne ; de Mathura, où l'opulence et la douceur se mêlent ; et enfin, de Vrindavan, où toute majesté est éclipsée par l'amour.

Ces trois domaines divins se manifestent aussi sur la terre, où ils sont considérés identiques aux sphères spirituelles correspondantes.

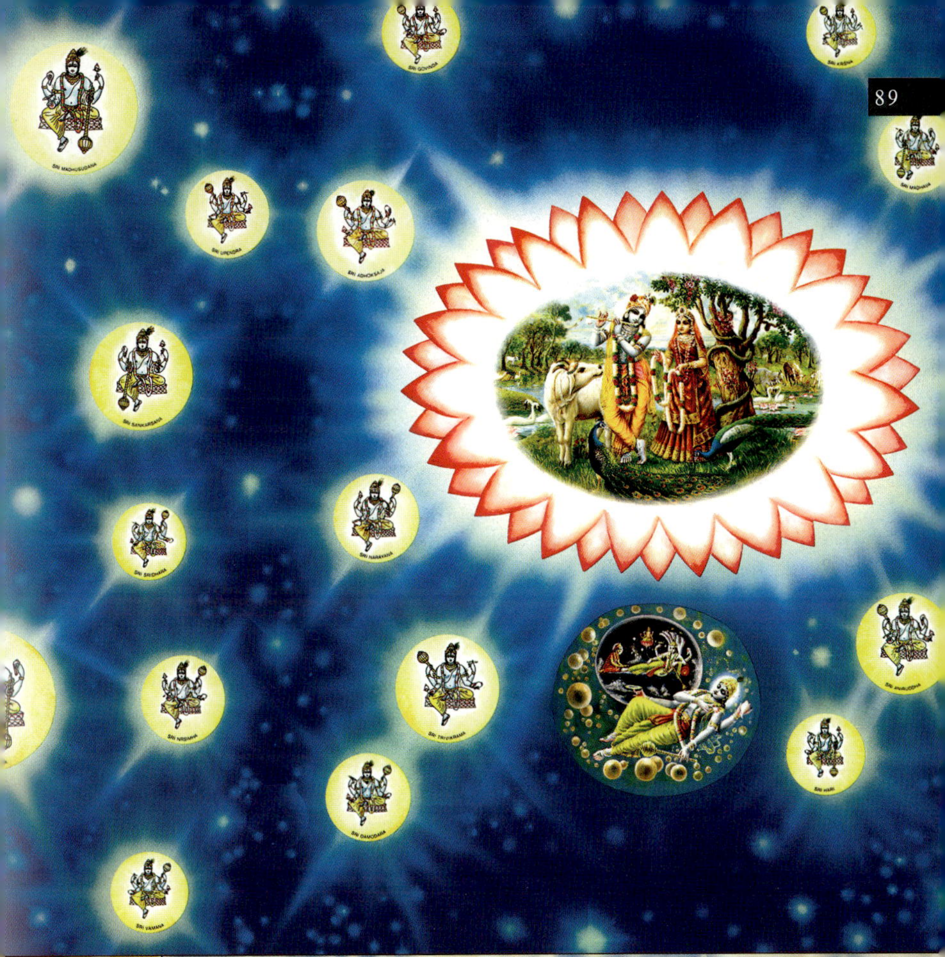

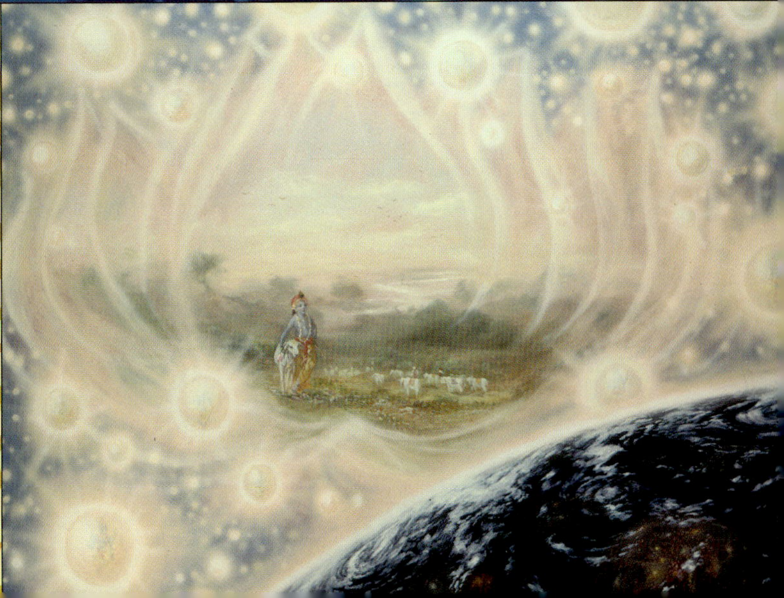

Karma & réincarnation

Tous les êtres naissent et avec le temps, meurent. Selon la pensée vaishnava, tous renaîtront ensuite. La notion de réincarnation (le cycle des morts et renaissances vécues, mais oubliées) et le concept du karma (chaque action engendre une réaction correspondante) auquel on l'associe étroitement, font partie intégrante de la culture de l'Inde depuis des temps immémoriaux. En effet, le *Shatapatha Brahmana* (10.4.3.1), un des plus anciens textes indo-aryens, enseigne : « Quiconque connaît la Vérité vainc la mort récurrente et accède à une existence de plénitude. » Les mots *punar mrityu* « mort récurrente » désignent traditionnellement la réincarnation car, selon le sanskrit original, ils indiquent la naissance, la mort et la renaissance (qui ne peut qu'entraîner une autre mort). La compréhension vaishnava de la réincarnation et des concepts qui s'y rattachent peut être résumée dans les trois principes suivants :

1. Chaque être vivant est une âme habitant un corps matériel. Les textes védiques sont précis quant à l'âme sise dans le corps : « Lorsqu'on divise la pointe d'un cheveu en cent parties, chacune divisée à nouveau en cent autres parties, on trouve la juste mesure de l'âme. » (*Shvetashvatara Upanishad* 5.9) Par conséquent, la tradition enseigne que l'univers contient d'innombrables particules ou atomes spirituels – les âmes – de la dimension d'un millième de cheveu. À cette connaissance de l'âme s'ajoutent les données relatives à son emplacement dans le corps : « L'intelligence parfaite peut percevoir l'âme, de dimension atomique. Sise dans le cœur et portée par cinq sortes d'air (*prana, apana, vyana, samana* et *udana*), elle dispense son énergie à chaque partie du corps des êtres incarnés. Une fois purifiée de la contamination des cinq airs matériels, l'âme dévoile sa puissance spirituelle. » (*Mundaka Upanishad* 3.1.9)

Au cours d'une vie, on passe à travers

plusieurs corps différents – celui d'un bébé, d'un enfant, d'un adolescent, d'un adulte, etc. – mais en demeurant toujours la même personne. L'âme ne subit aucun changement ; seul le corps change. La *Bhagavad-gita* (2.13) affirme : « Au moment de la mort, l'âme change de corps, tout comme elle est passée dans le précédent de l'enfance à la jeunesse, puis de la jeunesse à la vieillesse. »

2. Les actions accomplies avec le corps actuel déterminent notre prochain corps. Les textes *vaishnavas* affirment que la transmigration de l'âme d'un corps à l'autre ne s'opère pas au hasard. Provoquée par des désirs subtils, elle est établie selon le karma, ou actions passées, que ce soit dans cette vie ou lors de vies antérieures. Voilà d'ailleurs pourquoi sont créées diverses formes de vie où chaque corps est équipé d'une gamme de sens particulière. Tout individu habite un corps adapté à ses goûts et à ses désirs. À titre d'exemple, le corps d'un ours (qui dort pendant des mois d'affilée) conviendrait mieux à l'humain enclin au sommeil et à la paresse.

3. L'âme peut échapper à la réincarnation en développant sa conscience divine. Krishna dit dans la *Bhagavad-gita* (8.15) : « Quand ces grandes âmes, ces yogis emplis de dévotion, M'ont atteint, jamais plus elles ne reviennent en ce monde... » Ainsi la tradition *vaishnava* enseigne que la voie du *bhakti-yoga* (le yoga de la dévotion) peut nous affranchir du cycle des morts et des renaissances. On peut lire dans la *Brahma-samhita* (5.59) : « On atteint la plus haute dévotion lorsqu'on s'efforce constamment d'accéder à la réalisation du soi à l'aide des témoignages scripturaires, d'une conduite théiste et de la persévérance dans la pratique. »

A. L. Herman, professeur de philosophie à l'Université de Wisconsin-Stevens Point, explique l'importance du bhakti-yoga de la façon suivante :

« Le bhakti-yoga, "la Voie de l'Adoration", offre la solution au problème [de la réincarnation] en traçant la voie de la dévotion désintéressée pour Dieu. En d'autres mots, le bhakti-yoga... engendre des actions sans résidus karmiques alors que le bhakta [dévot] dédie ses actions et leurs conséquences au Seigneur qu'il adore. Résultat : le karma engendré par l'action appartient à Dieu et non au bhakta. En conclusion, le problème de la souffrance est à nouveau résolu, car la cause de duhkha, le désir, est anéantie par l'abandon à Dieu de tous les fruits de nos œuvres. Alors, à nouveau, s'ouvre la voie du paradis. »[1]

Krishna dit : « Toutes les planètes de l'univers, de la plus évoluée à la plus basse, sont des lieux de souffrance où se succèdent la naissance et la mort. Mais il n'est plus de renaissance pour l'âme qui atteint Mon royaume. » (*Bhagavad-gita* 8.16)

Note

1. A.L. Herman, 1991. "A Brief Introduction to Hinduism", p. 119, San Francisco, Westview Press.

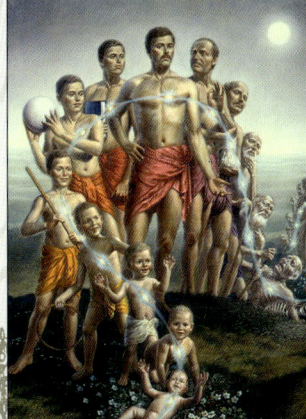

LE CONQUÉRANT DE MON CŒUR

Gloire à Toi, Chaitanya, conquérant de mon cœur! Marque le rythme de cette danse mystique, nageant seul dans l'extase sublime. Au son joyeux du tambourin, les cymbales de leurs notes scandent la mesure.

Radieux, Ses compagnons Le suivent en chantant et en dansant, dans la plus grande allégresse.

Il avance de Son pas cadencé et ne Se lasse jamais, ivre d'une joie débordante.

Ô Seigneur de mon cœur, comment T'exprimer l'amour que je Te porte?

Le Shah Akbar implore ne serait-ce qu'une goutte de Ton océan d'amour et de piété.

– Vers d'Akbar
cités dans "Chaitanya and His Age"
D.C. Sen, 1922, Calcutta, University of Calcutta Press

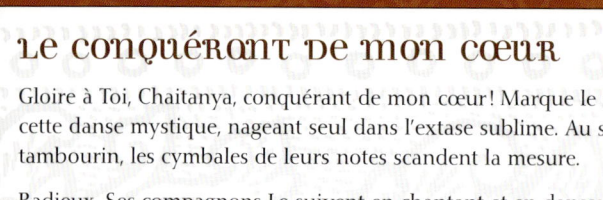

L'avatar secret

6

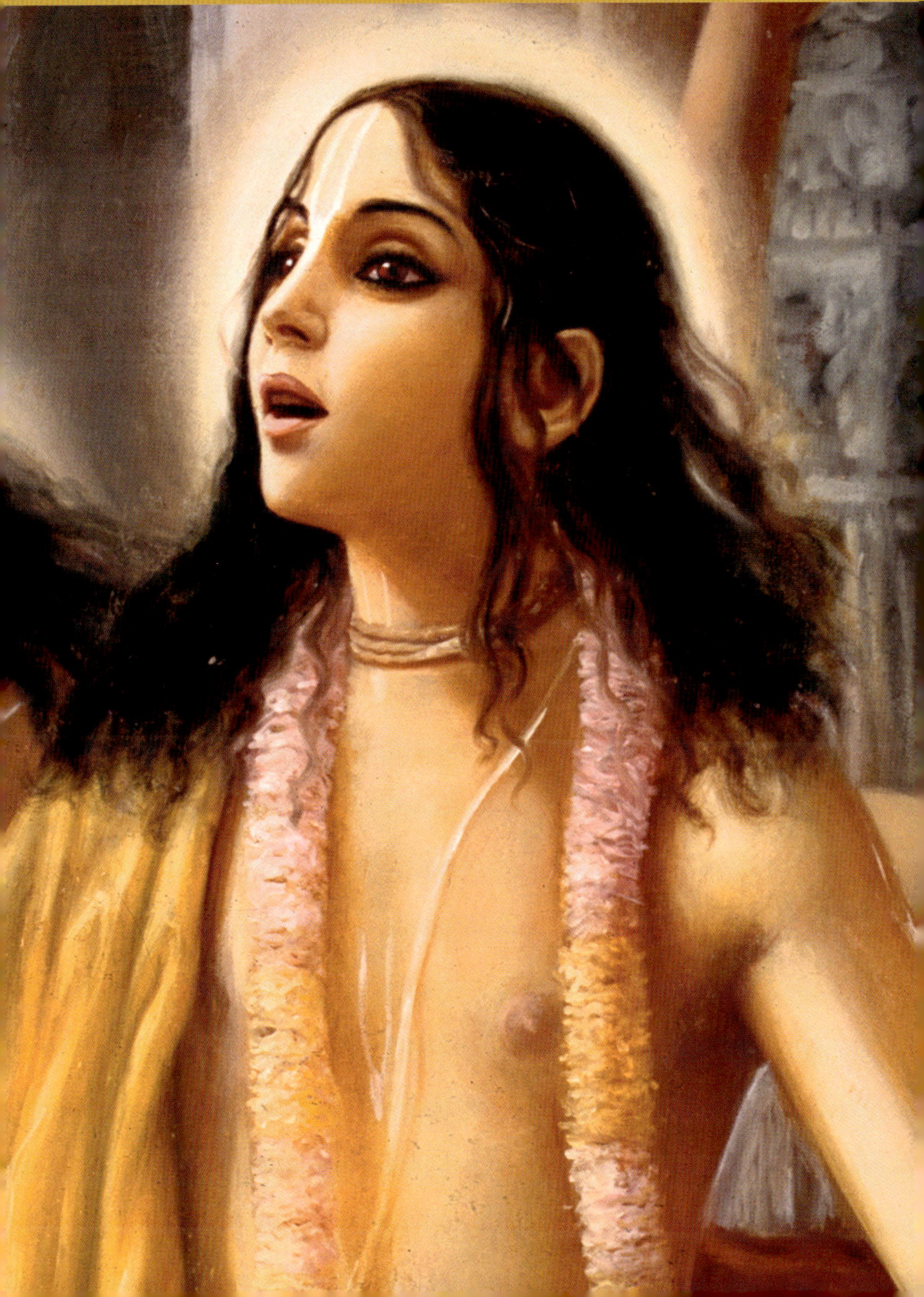

Shri Chaitanya
une introduction

Shri Chaitanya Mahaprabhu (1486–1533) est considéré comme la manifestation **conjuguée** de **Radha** et **Krishna**. Cette incarnation **ésotérique** du Seigneur nous a apporté une spiritualité qui permet d'accéder à la transcendance la plus profonde.

Le *Shrimad Bhagavatam* (7.9.38) qualifie Dieu de Tri-yuga, «Celui qui n'apparaît qu'au cours de trois des quatre âges (Satya, Treta, et Dwapara).» Pourquoi ce nom? Parce qu'au cours du quatrième âge (Kali), Il Se manifeste comme le Channa Avatar, l'avatar «secret», spécial, qui dissimule Sa divinité. En effet, on Le dit tel car en ce Kali-yuga, Il ne révèle pas Son identité en tant qu'*avatar*. Au contraire, Il manifeste Ses divertissements sous l'apparence d'un dévot de Sa propre personne, ne permettant qu'à Ses disciples intimes de connaître Sa divinité. Néanmoins, ceux et celles qui étudient les Écritures sauront Le reconnaître.

Les Puranas expliquent qu'au cours du Satya-yuga, le Seigneur possède un teint blanc. Dans le Treta-yuga, Son teint est rouge. Dans le Dwapara, Il a un teint sombre. Au cours de l'âge de Kali, Son teint est d'or, et cette caractéristique de Shri Chaitanya fut d'ailleurs notée par tous Ses biographes.

Les Écritures védiques et post-védiques décrivent les *avatars* avec force détails: leur parenté, le lieu de leur apparition, leur mission et différents renseignements de cette nature. On retrouve diverses affirmations, directes et concordantes, quant à la divinité de Shri Chaitanya dans le *Mahabharata* et le *Shrimad Bhagavatam*, qui furent compilés des siècles avant Son avènement. Un document entier de l'*Atharva Veda*, appelé *Chaitanya Upanishad*, prédit Ses gloires futures. Le *Krishna-yamala* et le *Brahma-yamala* mentionnent spécifiquement le nom de Sa mère et Son lieu d'apparition à Navadwip.

Ces deux écrits prédisent également Sa mission : répandre le mouvement du *sankirtan*, axé sur le chant collectif du saint nom de Dieu.

Le *Vayu Purana* dit : « Lorsque dans l'âge de Kali viendra le moment d'inaugurer le mouvement du *sankirtan*, Krishna descendra comme le fils divin de Sachidevi. » Le *Bhagavatam* (11.5.32) confirme que Shri Chaitanya Mahaprabhu est l'*avatar* « doré » du Kali-yuga, tout en ajoutant d'autres informations sur le mouvement du *sankirtan* : « Dans l'âge de Kali, l'incarnation du Seigneur, entourée de Ses compagnons, chante toujours le saint nom de Krishna. Son teint n'est pas sombre mais doré. Les sages L'adorent en chantant Son nom en chœur. » En vérité, Shri Chaitanya et Son enseignement sur l'amour divin à travers le chant collectif du saint nom représentent la gloire secrète de l'Inde – sa véritable gloire.

La vie de Shri Chaitanya

« Je ne pourrais croire qu'en un Dieu qui saurait danser. »
— Friedrich Nietzsche

Shri Chaitanya est apparu le 18 février 1486 à Navadvip, ville sacrée du Bengale occidental également nommée Mayapur. D'abord connu sous le nom de Vishvambhar Mishra, on L'appellera plus tard Nimaï Pandit et ultérieurement, Chaitanya Mahaprabhu lorsqu'Il adoptera l'ordre du renoncement.

Les parents de Mahaprabhu, Jagannath Mishra et Sachidevi, avaient souffert de la mort de leurs premiers enfants. La naissance de Vishwarup, le frère aîné de Mahaprabhu, marqua un changement dans leur vie. Mahaprabhu Lui-même naquit peu après.

Vers l'âge de huit ans, Mahaprabhu commença Ses études sous la tutelle de Gangadas Pandit. Deux ans plus tard, en 1496, Il devenait célèbre pour Sa vaste érudition, Sa maîtrise de la logique, de l'herméneutique, de la philosophie et de plusieurs langues. La même année, Son frère aîné Vishwarup adoptait le *sannyas* (l'ordre du renoncement) et se faisait moine errant, exerçant ainsi une influence profonde sur le jeune Nimaï.

Quatre ans plus tard, en 1500, Mahaprabhu Se maria avec Lakshmi-priya, qui mourut prématurément. Il épousa ensuite Vishnupriya, une jeune fille très respectée de la communauté *vaishnava*.

En 1503, Shri Caitanya Mahaprabhu Se rendit à Gaya, dans l'État du Bihar, afin d'accomplir les rites funèbres pour Son père défunt. C'est là qu'Il rencontra Ishwara Puri, un grand saint de qui Il reçut l'initiation spirituelle. À peine initié, Mahaprabhu devint ivre d'amour divin sous l'effet du chant des mantras que Son maître Lui avait donnés. Selon les textes sacrés, les sons spirituels prennent vie lorsqu'ils sont transmis au disciple par un maître spirituel authentique. En entrant ainsi en contact avec le Seigneur à travers Son saint nom sous la forme d'un mantra, on goûte la félicité spirituelle qui culmine dans l'amour de Dieu.

Shri Chaitanya était transporté d'extase au saint nom de Krishna. Ses biographes rapportent qu'Il dansait et chantait immergé dans un ravissement mystique, entouré de Ses amis et compagnons. Après Son

initiation, Shri Chaitanya accomplit aussi de nombreux miracles, soignant les lépreux, ressuscitant les morts, apparaissant simultanément en plusieurs lieux, manifestant diverses formes divines, etc. Ces événements surnaturels furent documentés par Ses contemporains, et de Son vivant, plusieurs dévots accomplis reconnurent en Shri Chaitanya un *avatar* divin.

Au début de 1510, alors qu'Il n'avait que 24 ans, Chaitanya Mahaprabhu Se rendit à Katwa, où Il fut initié dans l'ordre du renoncement (*sannyas*) par Keshava Bharati, illustre moine impersonnaliste bientôt converti par Mahaprabhu Lui-même. Après cette initiation, Chaitanya partit pour Vrindavan, puis Se rendit à Puri, amorçant ainsi un voyage de deux ans en Inde du Sud. Au cours de Son périple, Il rencontra plusieurs personnages remarquables de l'époque, dont les Six Goswamis de Vrindavan et Ramananda Roy, auxquels Il révéla Sa divine essence en tant que manifestation conjuguée de Radha et Krishna.

Après avoir inondé le sous-continent indien de Son message d'amour divin, Chaitanya Mahaprabhu retourna à Jagannath Puri. Tandis que Ses jours s'écoulaient parmi Ses compagnons, Il S'abîmait de plus en plus dans le *radha-bhava*, l'extase de l'amour de Radharani pour Krishna. Durant les dernières années de Sa manifestation terrestre, Mahaprabhu alla même jusqu'à expérimenter un des plus hauts niveaux du mysticisme dévotionnel, un état surnaturel appelé *dvadasha-dasha*, qui ne survient qu'au douzième niveau du *mahabhava*, et, de ce fait, rarement atteint. Chaitanya Mahaprabhu vécut Ses derniers jours en partageant le secret de Son amour divin avec Son entourage le plus intime.

Shri Chaitanya danse en extase devant les chariots du Ratha-yatra.

LES ENSEIGNEMENTS DE SHRI CHAITANYA

Shri Chaitanya a composé huit prières sanskrites appelées *Shikshastaka*, qui incarnent aux yeux des *vaishnavas gaudiyas* l'essence de tous les états d'âme dévotionnels et de tous les préceptes spirituels.

La première de ces huit prières glorifie le chant du saint nom de Krishna : « Que triomphe le chant du saint nom de Krishna, qui a le pouvoir de nettoyer le miroir du cœur et de mettre fin aux souffrances causées par le feu ardent de l'existence matérielle. Lune croissante qui déploie pour tous les êtres le lotus de l'heureuse fortune, Il est l'âme de tout enseignement et accroît l'océan de félicité de la vie spirituelle. À tous, il prodigue sa fraîcheur et donne de savourer le nectar le plus exquis à chaque instant. »

Au deuxième verset, dans l'état d'âme d'un dévot sincère, Mahaprabhu révèle la puissance du saint nom et le malheur de ne pas désirer le chanter ou le réciter : « Ô Seigneur, Personne Suprême, Ton saint nom peut combler l'âme des plus grands bienfaits, et Tu as pour cette raison d'innombrables noms, comme Krishna ou Govinda, par lesquels Tu Te multiplies. Tu les as investis de toutes Tes énergies spirituelles et il n'est besoin pour les louer d'aucune règle stricte. Tu bénis les êtres déchus et conditionnés d'une telle miséricorde, Ô Seigneur, en enseignant libéralement le chant de Tes saints noms, mais dans mon infortune, je commets tant d'offenses en les récitant que je ne suis capable d'aucun attrait pour eux. »

Le troisième verset décrit l'humilité de la personne apte à chanter purement le saint nom du Seigneur : « Celui qui se considère plus insignifiant qu'un brin d'herbe, qui est plus tolérant que l'arbre, qui n'attend aucun honneur personnel mais est toujours prêt à offrir ses respects à autrui, celui-là peut très facilement répéter sans cesse le saint nom du Seigneur. »

Le quatrième verset établit la détermination exclusive requise pour chanter le saint nom d'un cœur pur : « Ô Seigneur de l'univers, je ne recherche ni la richesse, ni des disciples, ni une belle épouse, et je n'aspire pas non plus aux actes intéressés dépeints par des mots fleuris. Je désire uniquement m'absorber, vie après vie, dans Ton

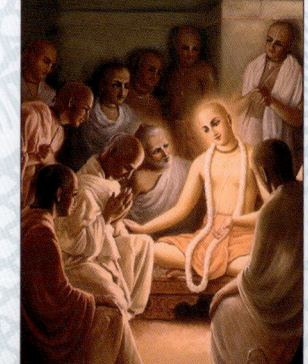

Shri Chaitanya entouré de Ses compagnons.

service de dévotion immotivé. »

Dans le cinquième verset, Shri Chaitanya cite la cause du conditionnement matériel et l'humilité requise pour s'en affranchir : « Ô Seigneur, ô Krishna, fils de Maharaj Nanda, je suis Ton serviteur éternel, mais en raison de mes actes intéressés, je suis tombé dans ce terrible océan d'ignorance. Je T'en prie, sois miséricordieux envers moi et considère-moi comme un atome de poussière au lotus de Tes pieds. »

Le sixième verset laisse entrevoir les trois signes extérieurs qui accompagnent l'aube du pur amour pour Dieu : « Cher Seigneur, quand donc mes yeux se pareront-ils d'un flot incessant de larmes au chant de Ton saint nom ? Quand donc ma voix s'étranglera-t-elle et tous les poils de mon corps se dresseront-ils de joie transcendantale au chant de Ton saint nom ? »

Le septième verset dépeint l'âme qui atteindra bientôt la perfection. Dans un sentiment de séparation d'une inconcevable félicité, le pur dévot devient avide de Krishna : « Ô Govinda, en Ton absence, même un instant me semble un millénaire, des larmes ruissellent de mes yeux comme des torrents de pluie et le monde entier me paraît vide. »

Le dernier verset du *Shikshastaka* explique l'ultime finalité du chant du saint nom : se défaire de tout égoïsme pour s'absorber dans un état d'extase divine. Voilà le fruit du véritable amour spirituel. Dans un tel état d'émotion intense, le dévot du Seigneur vit dans l'intimité transcendantale qui lui permet de s'adresser à Krishna avec un amour inconditionnel : « Que Krishna étreigne Son serviteur qui s'est jeté à Ses pieds de lotus, qu'Il me piétine ou me brise le cœur par Son absence. Il peut me faire ce qui Lui plaît, Il n'en demeure pas moins toujours le Seigneur adoré de mon cœur. »

Tous ces enseignements sont développés dans le *Shri Chaitanya-charitamrita*, traduit et commenté par Shri Shrimad A.C. Bhaktivedanta Swami Prabhupada.

L'édition française du Shri Chaitanya-charitamrita, *traduit et commenté par A.C. Bhaktivedanta Swami Prabhupada.*

Les six Goswamis

Chaitanya Mahaprabhu a vécu l'amour divin, mysticisme par excellence, et communiqué l'essence de cet amour à Ses **plus intimes disciples** tout en leur apprenant avec précision l'art de transmettre Ses enseignements au monde. Il les chargea de systématiser ce savoir et d'élaborer une méthode qui en favoriserait la diffusion à grande échelle. En effet, comment les générations futures saisiraient-elles ce que ressentait Mahaprabhu? Comment s'efforceraient-elles d'en recréer l'expérience? Les Six Goswamis de Vrindavan prirent ce défi à cœur, rendant accessible le vécu profond de Mahaprabhu.

Raghunath Das Goswami (1495-1571), qui fut le premier à rencontrer le Maître, est né dans une famille non brahmanique (ce qui le distingue des cinq autres Goswamis) dans la ville de Chandpur (maintenant Shri Krishnapur), au Bengale occidental. Extrêmement riche, il n'en était pas moins indifférent aux richesses matérielles. De par l'influence du grand saint Haridas Thakur, Raghunath Das était impatient de rencontrer Shri Chaitanya. Aussi, après que Mahaprabhu fut devenu *sannyasi* en 1510, le jeune Raghunath s'échappa de la demeure familiale pour aller Le voir à Shantipur. Das Goswami, comme on appela bientôt Raghunath, devint le plus éminent mystique de la tradition *vaishnava* et composa des poèmes exquis inspirés de ses méditations.

Peu après avoir rencontré Raghunath Das pour la première fois en Inde du Sud, Mahaprabhu élut domicile chez Vyenkata Bhatta qui, à l'époque, avait un fils de sept ans nommé Gopal Bhatta. Instruit par Mahaprabhu Lui-même, l'enfant deviendra avec le temps l'un des principaux théologiens du vaishnavisme *gaudiya* : Gopal Bhatta Goswami (1503-1578). Brahmane de l'Inde du Sud, Gopal Bhatta était très conscient des moindres détails du quotidien des *vaishnavas* ; ce qui fit de lui un formidable atout dans la mission des Goswamis. Avec Sanatan Goswami, il compila le *Hari-bhakti-vilas*, « livre de loi » des *vaishnavas gaudiyas* qui expose toutes les particularités de la tradition, comme l'adoration de la Divinité, les rituels du temple et l'étiquette *vaishnava*.

Rupa (1489-1564) et Sanatan (1488-1558) Goswamis, également originaires de l'Inde du Sud, occupaient des postes importants dans l'administration islamique du Bengale. C'était tout deux de grands érudits et de grands leaders. Ils furent eux aussi emportés par la vague de dévotion de Shri Chaitanya, auquel ils furent présentés alors qu'Il était en route pour Vrindavan. Plus tard, Rupa retrouvera Mahaprabhu à Prayag (maintenant Allahabad) et recevra Son enseignement sur la théologie du *rasa*. Sanatan de son côté, Le reverra à Bénarès et apprendra de Lui la science des *avatars* et la philosophie complexe de la manifestation de Dieu en ce monde. Auteurs prolifiques, les contributions de Rupa et Sanatan se traduisent littéralement par des douzaines de livres de poésie, d'art dramatique et de philosophie.

L'œuvre de Rupa et Sanatan fut développée par leur jeune neveu, Jiva Goswami (1513-1598), considéré à ce jour comme l'un des plus grands philosophes de l'Inde. Il développa des thèmes abordés par ses célèbres oncles et fit ressortir les nuances de leurs idéaux théologiques. Selon certains, étant le plus jeune des Six Goswamis, Jiva n'aurait rencontré Shri Chaitanya qu'une seule fois lorsqu'il était enfant. Pourtant, cette unique rencontre et l'inspiration reçue de Rupa et Sanatan suffirent à sustenter Jiva tout au long de sa très productive carrière.

Raghunath Bhatta Goswami (1505-1579) n'a apporté aucune contribution à la littérature, mais il est réputé pour ses chants sublimes et sa récitation minutieuse du *Bhagavatam*. En vérité, l'essence de la théologie *vaishnava* est axée sur le *kirtan*, le chant extatique du saint nom. Raghunath Bhatta Goswami en a donné le meilleur exemple en chantant les gloires du Seigneur mieux que personne.

Rupa Goswami et Sanatan Goswami

LA BHAKTI
L'amour dévotionnel

L'essence des enseignements de Shri Chaitanya est la *bhakti*, ou «l'amour dévotionnel pour Krishna». Le mot *bhakti* dérive de deux racines sanskrites, la première étant *bhanj*, qui réfère à «la séparation». Cette étymologie indique l'importance du dualisme vaishnava, puisqu'en effet on ne peut servir qu'un Dieu qui est «séparé» de soi. Si les êtres vivants étaient fondamentalement un avec Dieu, comme le proposent les védantistes *advaita*, toute perspective de *bhakti* disparaîtrait puisque celle-ci implique **deux entités**: le dévot et la personne qui fait l'objet de cette dévotion.

De façon plus générale, on fait remonter l'origine du mot *bhakti* à la racine verbale *bhaj*, qui signifie «adorer», «se dévouer à» ou «participer à». Le deuxième verset des célèbres *sutras* de Shandilya définit la *bhakti* comme «un attachement amoureux intense et exclusif pour Dieu». Le sage *vaishnava* Narada développe cette définition dans son *Narada-bhakti-sutra*: «La *bhakti* consiste à offrir toutes ses actions au Seigneur Suprême et à éprouver une détresse accablante lorsqu'on L'oublie.» (soutra 19) Le tout premier volume du *Bhagavatam* qualifie la *bhakti* de *param-dharma*, ou «la plus haute et la plus satisfaisante fonction de l'âme». La *bhakti* joue donc un rôle primordial dans la pensée *vaishnava*.

Le concept de la *bhakti* est présent dans les écrits des Alvars, qui appartenaient à la première tradition *vaishnava* structurée de l'Inde du Sud: le *Shri vaishnavisme*. On le retrouve aussi dans l'Inde du Nord, où il est largement représenté par les ouvrages de Rupa Goswami, dont la théologie du *bhakti-rasa* est au cœur même du *vaishnavisme gaudiya*. La *bhakti* prédomina dans l'Inde du

XVe et XVIe siècles, qui virent la « renaissance de la *bhakti* ».

Parallèlement, l'Occident a vécu sa propre Renaissance, qui a pris une toute autre direction. Si la Renaissance en Inde mettait l'accent sur la dévotion à Dieu, la Renaissance occidentale se

concentrait, elle, sur le savoir empirique, le progrès matériel, la science et la technologie. Le matérialisme prit essentiellement le dessus tandis que la spiritualité se trouva reléguée à l'arrière-plan.

Souvent, on se souvient de la Renaissance européenne comme d'une période de développement, le passage à l'auto-suffisance et à la découverte de soi. On doit à l'historien Jules Michelet l'invention du mot « renaissance » pour décrire cette période d'éveil, où l'humain devint capable d'échapper à ses préoccupations religieuses et superstitieuses pour devenir véritablement progressiste en se concentrant sur la nature matérielle, le corps et le monde qui l'entoure. L'humanité s'aventura alors dans la complexité matérialiste, délaissant la spiritualité et la vie simple, comme des reliques du passé.

La renaissance de la *bhakti*, à l'opposé de sa contrepartie occidentale, marquait un pas vers le minimalisme, vers les vérités spirituelles essentielles. Au lieu d'aspirer à de nouveaux sommets de complexité, cette renaissance s'intéressait à la dynamique essentielle de l'élan religieux; elle répondait au besoin profond de l'humain d'échanges dévotionnels avec son Créateur, à la soif d'amour de l'homme.

Certains s'accrochaient pourtant à la tradition ritualiste et résistaient aux « idées nouvelles » des réformateurs de la *bhakti*, même si le mouvement *bhakti* puisait ses principes dans les mêmes textes que les traditionalistes.

Néanmoins, la majeure partie de l'Inde est grandement influencée par la *bhakti* et par ceux et celles qui la pratiquent. Sans doute parce que la *bhakti* évoque un élément fondamental en l'humain, et qu'à l'opposé, une renaissance axée sur le progrès matériel – même si elle semble avantageuse de prime abord – laisse en fin ultime un vide spirituel.

« Les lieux saints déroutent les esprits raisonnables… Dans une large mesure, leur existence se situe au niveau du mental, ou des émotions, ou encore de la pure transcendance. »

— Norvin Hein
*Professeur honoraire de religion
Université de Yale*

Les lieux saints

7

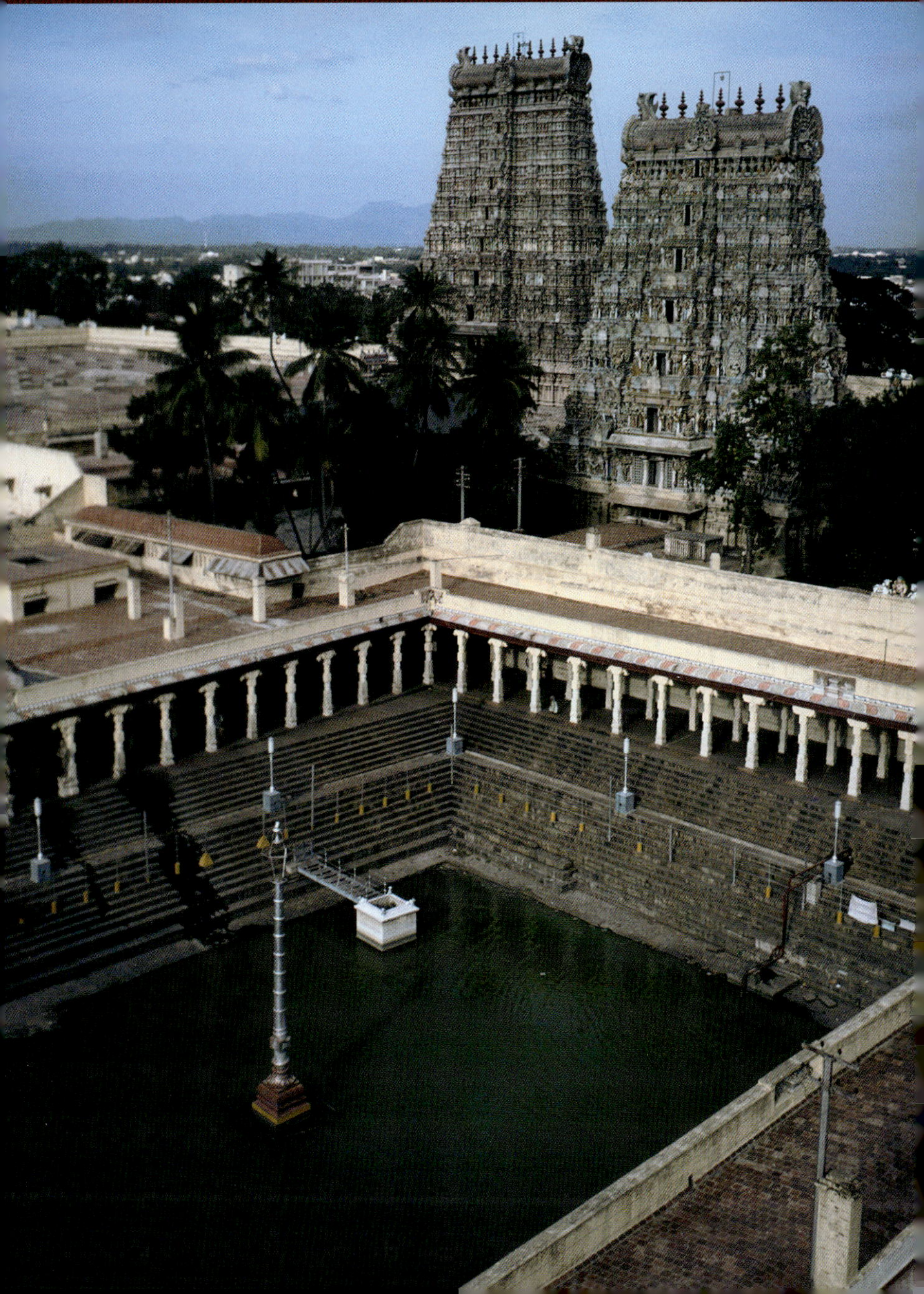

Les Temples

Représentation de Vishnou allongé, à l'extérieur d'un temple vaishnava.

Tout comme les cathédrales de France ou le Vatican à Rome, les temples vaishnavas évoquent l'admiration et le respect, tout en inspirant un sentiment de relation intime avec le Divin.

Mircea Eliade, érudit de grande réputation, a analysé l'importance structurelle des temples de l'Inde :

« De tels temples sont des répliques précises du corps. Le plan symbolique d'un temple est le Vastu-purusha Mandala, un diagramme dessiné sur le site de la future construction. Ce diagramme incorpore les directions, les maisons lunaires, les planètes, les dieux et le corps humain, et transmet symboliquement leurs formes au temple qui s'élèvera au-dessus. Les manuels d'architecture de l'Inde comparent explicitement le temple au corps : la porte est la bouche, le dôme au-dessous de la flèche est la tête. De même que le crâne humain possède une suture par où l'âme au moment de la mort s'échappe vers les cieux, le dôme du temple est percé d'un fleuron ; le sanctuaire du temple est le siège de l'âme dans le corps humain... Parce que le temple représente le corps humain, entrer dans le temple c'est aussi rentrer en soi-même. Le contact avec l'image de la divinité sise au cœur du temple est la reproduction symbolique de la rencontre avec la divinité qui réside au centre même de notre être ». [1]

La « divinité au cœur du temple » fait référence à une caractéristique spécifique de l'adoration *vaishnava* : la présence personnelle du Seigneur sur l'autel sous la forme de la Murti (archa-vigraha). Celle-ci est considérée identique à Dieu Lui-même ; c'est en quelque sorte un *avatar*, connu sous le nom d'archa-avatar. Selon le *Shrimad Bhagavatam* (11.27.12), Dieu dans Sa forme d'archa-avatar peut S'incarner dans chacun de ces huit éléments matériels : la pierre, le bois, le métal, la terre, la peinture, le sable, les pierres précieuses ou le mental. La tradition est claire : pour être acceptées comme des Divinités dignes d'adoration, les formes sacrées façonnées à partir de ces éléments doivent être « infusées de présence divine » par un prêtre qualifié, et sculptées selon les indications des Écritures.

Une fois la Murti intronisée dans le temple, les activités quotidiennes

du Seigneur sont recréées sur l'autel : le matin de bonne heure, les prêtres réveillent la Divinité, La baignent, La revêtent d'habits somptueux et Lui offrent un petit déjeuner, tout en chantant les mantras appropriés. À midi, les prêtres offrent un repas élaboré à la Murti qui prend ensuite un court repos. Puis, ils placent sur l'autel divers articles pour Son plaisir. Le soir venu, ils offrent à la Divinité un festin comparable au repas de midi et chantent des mantras destinés à Son repos du soir.

Ces offices (*pujas*) sont accomplis par des prêtres qualifiés pendant que les fidèles viennent voir (*darshan*) la forme sublime du Seigneur sur l'autel. Les dévots chantent alors différents mantras, glorifient la Murti, admirent Sa forme admirablement parée et Lui offrent des prières.

Les temples *vaishnavas* permettent aux fidèles de dépasser les conceptions impersonnels du Divin et d'appréhender la personnalité du Seigneur qui, à travers Ses nombreuses manifestations – Rama, Krishna, Vishnou, Nrishimha, Jagannath – offre Son *darshan* à tous dans les milliers de temples du monde.

Note

1. "Sacred Space" reproduit dans "The Encyclopedia of Religion", Mircea Eliade, éditeur, 1987. New York, Macmillan Publishing Co., Vol. 12, p. 532.

L'Architecture sacrée

La **tradition architecturale** de l'Inde est très ancienne. Les principes en sont énoncés dans les **Puranas** et autres écrits, en particulier le *Shilpa-shastra* (compilé par **Vishwakarma**, l'architecte des dévas) et le *Vastu-shastra*. En outre, les *Shulba-sutras* contiennent de nombreuses données géométriques pour la préparation de lieux de sacrifices *(yajñas)*. Fondamentalement, **trois styles** d'architecture prédominent dans la construction des temples.

Le dôme recouvert d'or du temple Palani Hill dans le Tamil Nadu

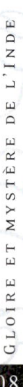

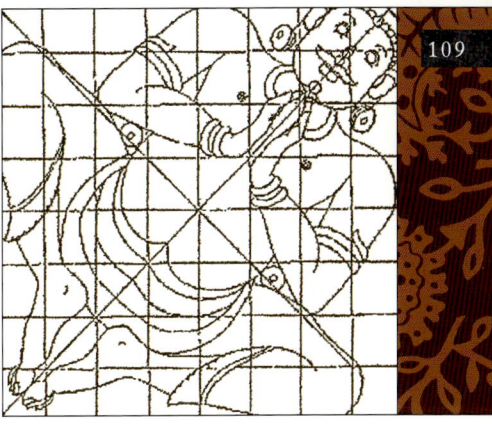

Dans l'Inde du Nord et de l'Ouest, le style *nagara* prédomine avec ses grands édifices aux dômes surmontés de larges flèches effilées qui surplombent le *garbha-griha*, le sanctuaire où réside la Divinité. De tels temples comprennent généralement une cour intérieure à ciel ouvert et une véranda, servant de déambulatoire aux fidèles pour faire le tour du sanctuaire.

Dans l'est de l'Inde, le style favorise une tour plus ronde intégrée à un complexe de bâtiments aux diverses sections réservées aux chanteurs, aux danseurs, aux acteurs et aux adorateurs de diverses divinités.

Les temples du sud de l'Inde sont connus pour leurs *gopuras*, très hautes tours élégantes et sculptées avec recherche qui dominent les portails d'entrée du complexe du temple.

Les temples vaishnavas sont construits selon des calculs mathématiques complexes, incorporant une forme yogique géométrique (le Vastu Purusha Mandala ci-dessus) qui sert à sanctifier la structure.

Ci-contre: le temple Padmanabhaswamy à Trivandrum

Vrindavan
La terre sainte de Braj

Dans l'État d'Uttar Pradesh de l'Inde du Nord, à 135 kilomètres au sud de New Delhi, se trouve une région bucolique appelée Braj, ou Vraja (littéralement «pâturage»). C'est le plus saint des lieux de pèlerinage vaishnava, et son atmosphère pastorale est des plus accueillante pour les pèlerins.

Les villages de Braj couvrent une région d'environ 65 km de diamètre. Cette région comprend la ville de Mathura et les 12 forêts principales (dont Vrindavan, souvent appelée le centre spirituel de Braj), ainsi que 125 forêts secondaires.

Il serait trompeur toutefois de considérer Braj seulement en fonction de sa situation géographique ; son importance spirituelle s'en trouverait diminuée.

Aux yeux des *vaishnavas*, Braj est un site sacré que sa nature multidimensionnelle situe autant dans l'espace-temps qu'au-delà. Les divertissements (*lilas*) éternels auxquels Shri Krishna Se livre dans le monde spirituel sont, de temps à autre, révélés en ce monde tridimensionnel. Quand il en est ainsi, comme ce fut le cas il y a 5 000 ans, ils se manifestent à Braj. Voilà pourquoi les *vaishnavas* appellent également le monde spirituel Braj. De sorte que Braj existe et sur le plan céleste et sur le plan terrestre. Les *vaishnavas* considèrent ces deux manifestations comme égales.

Les Écritures *vaishnavas* soutiennent que la Braj céleste (et les autres sphères spirituelles qui en sont le prolongement) est la demeure originelle de tous les êtres vivants, dont ils furent séparés à l'aube de la création. Ainsi, depuis la nuit des temps, l'humain a la nostalgie d'un séjour parfait – un paradis, un Shangri-La, un Walden – où il pourrait retrouver son état originel de paix et de bonheur idylliques. La Braj terrestre, avec son petit conclave villageois de saints hommes et de temples, comble cette aspiration chez tous ceux et celles qui y prennent refuge.

Le temple Madana-mohana à Vrindavan

Le palais de Varshana

La meilleure façon de découvrir Braj, c'est d'en faire l'expérience directement grâce à un *parikram* (tour, pèlerinage) avec quelqu'un qui connaît le terrain, à savoir sa géographie et son sens profond. Le sable de Braj, sur lequel Radha et Krishna ont marché un jour, est considéré être imprégné d'amour pour le Divin. Il n'est donc pas rare de voir des pèlerins en recueillir pour le mettre sur leur tête avec révérence.

La multiplicité des terres saintes sur notre planète et les nombreuses religions du monde répondent aux besoins de fidèles aux mentalités et aux prédispositions diverses. Les pèlerins visitent les lieux saints pour une foule de raisons comme guérir des maux physiques ou émotionnels, prier pour la richesse ou la prospérité matérielle. Certains y sont inexplicablement attirés pour des raisons qu'eux-mêmes ignorent. Bon nombre font le voyage dans le but de favoriser et d'initier le progrès intérieur de l'âme. Braj inspire la plus haute de ces motivations. De fait, d'entre les sept lieux de pèlerinage traditionnels de l'Inde qu'on dit à même de réaliser tous les souhaits, de la *bhukti* (les bienfaits matériels) à la *mukti* (la libération), seule Braj offre *bhakti* et *prema*, ou la dévotion et l'amour pour l'Être Suprême.

JAMAIS JE N'OUBLIE BRAJ

Uddhava, jamais Je n'oublie Braj,
Vrindavan, Gokul, les forêts,
Les charmilles et l'ombre des bosquets touffus.

Voyant Mère Yashoda et Nanda
À l'aube, Je suis heureux.
Apportant du pain chaud et du beurre,
Ils Me nourrissent avec beaucoup d'amour.
Je joue en compagnie
Des petits pâtres,
Et chaque jour s'écoule dans les rires.

Uddhava, jamais Je n'oublie Braj,
Les rives sublimes de la Yamuna
Et l'ombre des bosquets.
Ici, les vaches qui comblent tous les souhaits,
Là, les veaux, là, les pots à lait,
Et là encore les étables
Où on les trait.
Un jour, les petits pâtres
Se sont réunis et
Ont fait un beau vacarme,
En dansant et en luttant.

Mathura est une cité d'or,
De joyaux et de perles.
Mais quand le souvenir de
Braj Me hante, Mon cœur déborde
D'une joie que ne peut contenir Mon corps.

Je Me suis livré continuellement
À des divertissements sans nombre,
Que Yashoda et Nanda toléraient.

Ayant dit cela, plein de remords,
Le maître de Sur se tut.

— Surdas, poète et saint du XVe siècle
(à travers qui Krishna parle ici)

Navadwip

Navadwip est située à quelque 105 km au nord de Kolkata (Calcutta). On peut s'y rendre en voiture, train ou bateau. Cette modeste petite ville est reconnue comme le **lieu de naissance** de **Shri Chaitanya** (1486-1533), qu'on nomme aussi Gaura (l'*avatar* « doré »).

Shri Chaitanya n'étant pas différent de Shri Krishna, Navadwip (Mayapur) et Vrindavan – malgré leurs différences géographiques – sont considérées comme identiques, et la *lila* de Gaura (Chaitanya) et celle de Krishna sont mystiquement reliées. Aussi, c'est avec révérence que les *vaishnavas* appellent Gaura-mandala la région que couvre Navadwip/Mayapur.

En 1063, Navadwip devint la capitale du Bengale sous l'autorité hindoue de Lakshman Sena, mais fut conquise et détruite en 1202 par Muhammed Bakhtiar Khilji. Le Bengale fut alors soumis à la domination islamique. Malgré les frictions sociales, hindous et musulmans cohabitaient. Célèbre siège du savoir sanskrit, Navadwip devint un bastion du brahmanisme orthodoxe. Tel est donc l'environnement dans lequel apparut Shri Chaitanya.

On découvre littéralement dans cette région des centaines de sites reliés aux divertissements de Shri Chaitanya Mahaprabhu. Le Yogapitha, où est né Mahaprabhu, héberge aujourd'hui des Murtis du Seigneur et de Ses compagnons. Chaque jour, des pèlerins visitent la région. Tout près se trouve la maison de Shrivas Thakur appelée Shrivas Angan, où Shri Chaitanya inaugura le mouvement de *sankirtan*, le mouvement religieux fondé sur le chant et la danse glorifiant les saints noms de Krishna.

Traditionnellement, on considère Navadwip comme une région formée de neuf (*nava*) îles (*dwipa*). Beaucoup croient que ces « neuf îles » seraient neuf îles spirituelles perçues seulement par ceux qui ont atteint la plus haute réalisation, car ces îles proprement dites restent introuvables. Les pèlerins visitent

LA REDÉCOUVERTE DU LIEU DE NAISSANCE DE SHRI CHAITANYA

Au XIXe siècle, l'importance de la vie et de la mission du Seigneur Chaitanya avait sombré dans l'oubli ; les conquérants musulmans et le temps avaient quasiment effacé Shri Chaitanya de l'Histoire. Mais Bhaktivinode Thakur (1838-1914) allait bientôt à lui seul remédier à la situation. Adepte passionné des enseignements de Chaitanya, Bhaktivinode entreprit de redécouvrir le lieu de naissance du Seigneur.

À sa grande surprise, le village que ses contemporains appelaient Navadwip n'existait que depuis cent ans et ne pouvait donc pas être le site où était apparu Shri Chaitanya. Certaines opinions voulaient entre autres que le lieu de naissance du Seigneur soit désormais sous les eaux du Gange qui, depuis le XVe siècle, avait changé de cours.

Mais Bhaktivinode demeurait inflexible dans sa résolution. Il entendit bientôt parler d'un endroit situé au nord de la ville qu'on croyait alors être Navadwip. Réalisant que ce site – un vieux village gouverné par des musulmans – était la véritable Navadwip (Mayapur), Bhaktivinode chercha à confirmer cette théorie à l'aide de preuves matérielles. Des preuves concluantes furent apportées par deux cartes établies par des pilotes anglais qui avaient navigué sur le Gange.

Bhaktivinode trouva aussi d'importantes pistes dans les écrits régionaux. À titre d'exemple, le *Bhakti-ratnakara* de Narahari Chakravarti lui apprit que la cour de Shrivas Pandit, où Shri Chaitanya inaugura le chant collectif du *maha-mantra*, se trouvait à 100 *dhanus* (200 mètres) au nord de la « Maison de Dieu ».

La cour de Shrivas existe encore à ce jour comme à l'époque de Shri Chaitanya (et de Bhaktivinode) ; il fut ainsi relativement facile de déterminer le lieu de naissance de Chaitanya. Cette information aida Bhaktivinode dans sa découverte de ce site.

Cette preuve fut corroborée et renforcée par des études géographiques et archéologiques réalisées par Bhaktivinode lui-même. Pour l'authentification spirituelle de l'endroit, Bhaktivinode s'y rendit en compagnie de son maître âgé et souffrant, Jagannath das Babaji. Quoique fortement handicapé, en arrivant au site Babaji Maharaj se mit à sauter d'extase d'amour divin et à pleurer abondamment. Une telle effusion d'amour de Dieu eut le don de convaincre Bhaktivinode, peut-être plus que les preuves tangibles, matérielles, qu'il s'agissait bien du lieu de naissance de Shri Chaitanya.

généralement « les neuf îles » – qui ne sont, pour notre vision externe, que neuf villages adjacents – dans l'ordre suivant : Antardwip, Simantadwip, Godrumdwip, Madhyadwip, Koladwip, Ritudwip, Jahnudwip, Modadrumdwip et Rudradwip.

Sur le plan ésotérique, les îles correspondent aux neuf pratiques du service de dévotion : écouter les gloires du Seigneur, chanter Ses louanges, se souvenir de Lui, servir Ses pieds pareils-au-lotus, L'adorer, Lui offrir des prières, L'assister, se lier d'amitié avec Lui et tout Lui sacrifier.

Mayapur
une tradition se perpétue

L'importance que revêt Shri Chaitanya pour la tradition vaishnava est inestimable. Après que Bhaktivinode Thakur eut découvert le site de la naissance de Chaitanya, un éminent successeur dans la même tradition, Shri Shrimad A.C. Bhaktivedanta Swami Prabhupada, chercha à préserver le site et à le mettre en valeur comme lieu de pèlerinage en faisant construire un magnifique temple au centre d'un immense complexe spirituel en cours de réalisation depuis 1972.

Désormais connu sous le nom de Shri Mayapur Chandrodaya Mandir, ce complexe comprend un temple majestueux, un parc splendide, une école, une bibliothèque, un musée, le mémorial de Shrila Prabhupada, un amphithéâtre, des hôtelleries, etc. Pouvant accueillir des centaines d'invités, c'est le principal centre d'attraction de la région à la gloire de Shri Chaitanya. Ce complexe dévotionnel est encore en voie de développement. Une fois achevé, il représentera le rêve de Bhaktivinode, une vision qu'il eut lorsque Mayapur n'était encore qu'un simple village.

Bhaktivinode Thakur

Un soir, Bhaktivinode était assis chez lui à Godrumdwip, Mayapur, et contemplait les champs verdoyants au-delà des eaux limpides de la Jalangi. Soudain, il vit au loin une lumière éblouissante émanant d'une direction précise. Les yeux fixés sur cette vision, Bhaktivinode réalisa que c'était une ville dorée, une ville spirituelle qui se matérialiserait dans un proche avenir. Une cité consacrée à la glorification de Shri Chaitanya et habitée par des gens de toutes races et religions. « Après tout, se dit Bhaktivinode, le Seigneur Chaitanya n'est pas apparu en ce monde pour délivrer seulement les habitants de l'Inde. Au contraire, Il avait pour but de libérer tous les êtres vivants de toutes les nations, voire de l'univers entier, et d'enseigner des principes religieux éternels et universels. »

Bhaktivinode exprima son désir

Shrila Bhaktisiddhanta Saraswati Thakur entouré de dévots à Mayapur.

de voir tout cela devenir réalité :
« Oh, quand donc viendra le jour où des anglais, des français, des russes, des allemands et des américains, armés de bannières, de *mridangas* [tambours] et de *kartals* [cymbales] auront l'heureuse fortune de chanter des *kirtans* [chants dévotionnels] dans les rues de chaque ville ! »

« Le jour viendra, écrit encore Bhaktivinode, où sur la plaine du Gange à Navadwip, se dressera un temple somptueux qui fera connaître au monde entier les gloires de Shri Chaitanya. » Il prédit aussi la naissance d'une grande âme qui réaliserait ces rêves.

Quelque 60 ans plus tard, en 1971, alors qu'il vivait à Mayapur dans une hutte au toit de chaume avec plusieurs disciples, Shrila Prabhupada parla du rêve de Bhaktivinode, d'une ville sainte et d'un palais de marbre à venir, décrivant l'hébergement des invités et des dévots, les parcs peuplés d'éléphants, de cerfs et de paons, la distribution de nourriture aux pauvres, les écoles, le temple, etc. Telle était sa vision que ses disciples s'efforcent de réaliser au mieux aujourd'hui. En fait, Prabhupada lui-même était de toute évidence la grande âme dont Bhaktivinode avait prédit l'avènement, comme on l'a mentionné plus haut. Inspirant ses disciples, il supervisa personnellement le développement de ce projet jusqu'au moindre détail et de son vivant, transforma des champs en friche en un centre spirituel aussi vaste que vibrant d'activités qui rétablit la vénération du lieu saint de Mayapur. Il amena des milliers d'anglais, de français, d'allemands et d'américains armés de bannières, de *mridangas* et de *kartals* à chanter ensemble des *kirtans*. Et il chargea ses disciples de poursuivre cette œuvre et donner vie au rêve de Bhaktivinode.

Bhaktivinode Thakur redécouvrit Mayapur et ce fut Shrila Prabhupada (ci-dessus) qui paracheva son œuvre en construisant un complexe international appelé Shri Mayapur Chandrodaya Mandir (ci-dessous).

Le Gange

Tous les hindous considèrent comme **sacré** le Gange, qui est sans doute le fleuve le plus connu de la terre. Aux yeux de ceux qui observent la tradition vaishnava, seule la Yamuna – qu'on associe directement à Shri Krishna – surpasse le Gange en tant que fleuve sacré.

Prenant leur source dans les hauteurs enneigées de l'Himalaya, les eaux sacrées du Gange coulent vers l'est à travers les monts Vindhya. Le Gange rejoint la Yamuna à Allahabad et continue de couler vers l'est jusqu'à la baie du Bengale.

Saints et sages font leurs ablutions depuis des millénaires dans le Gange, lequel est reconnu pour sa pureté. En effet, bien que les gens se lavent, défèquent et jettent leurs détritus dans ses eaux et que de nos jours des déchets chimiques et une variété de polluants soient déversés dans le Gange, les analyses ont prouvé que la pureté de son eau est restée intacte.

À titre d'exemple, le Dr John Howard Northrup, co-récipiendaire du prix Nobel de chimie de 1946, dit : « Nous savons que le Gange est très contaminé. Pourtant, les Indiens boivent son eau, s'y baignent et ne semblent pas en être affectés... Peut-être le bactériophage [un virus qui détruit les bactéries normalement présentes dans les eaux usées] rend-il la rivière stérile. » Quelle qu'en soit la raison, le Gange demeure pur – et purificateur – pour tous ceux qui se baignent dans ses eaux.

Pas plus tard qu'en 1999, le professeur Charles Wilcott, biologiste marin et indianiste, analysait l'eau du Gange et concluait : « L'eau du Gange a quelque chose de mystique qui la distingue des liquides ordinaires dont la composition chimique est identique ou semblable... Les résultats de mes recherches indiquent un phénomène extraordinaire en ce qui concerne le Gange. »

LE GANGE DESCEND SUR LA TERRE

Selon la cosmologie védique ancestrale, l'univers comporte trois systèmes planétaires : les planètes célestes, supérieures (ne pas confondre avec le royaume de Dieu) ; les planètes intermédiaires, dont la Terre ; les planètes inférieures, infernales. L'univers entier est contenu dans une immense coquille de plusieurs millions de kilomètres d'épaisseur, au-delà de laquelle se trouve le monde spirituel. D'anciennes traditions affirment que l'origine du Gange se situe par-delà les écorces de l'univers matériel.

Le *Shrimad-Bhagavatam* rapporte que, jadis, un roi nommé Bali avait conquis les trois systèmes planétaires. Chassant les dévas de leurs sphères célestes, il s'installa sur le trône des cieux. Affligée par la défaite de ses fils, Aditi, la mère des dévas, entreprit un jeûne et pria Krishna pendant douze jours d'affilée. Satisfait, le Seigneur accepta de rétablir les dévas dans leurs fonctions en apparaissant en la personne de Vamanadeva, un brahmane mendiant nain.

Vamanadeva approcha Bali Maharaj pour lui demander en charité seulement trois enjambées de terre. Quand Bali eût accepté, de Ses deux premiers pas Vamanadeva couvrit l'univers entier, récupérant ainsi les domaines perdus des dévas. Avec Son deuxième pas, le Seigneur perça de Son orteil un trou dans l'écorce universelle : quelques gouttes de l'océan Karana coulèrent dans l'univers matériel et devinrent les eaux du Gange. Parce qu'il émane du monde spirituel et qu'il fut touché par l'orteil de Vamanadeva, on considère le Gange comme sacré et purificateur.

Le Gange ne coulait d'abord que sur les planètes édéniques. Désirant que le fleuve sacré purifie aussi la Terre, un grand roi terrestre et dévot de Vishnou, nommé Bhagirath, pria pour que le Gange descende sur notre planète. Le Gange personnifié apparut alors au roi sous la forme d'une déesse et accepta de combler son désir. Mais elle émit une réserve.

« Lorsque je tomberai des cieux jusqu'à la surface de la Terre, la force de l'eau sera très puissante. Qui contiendra cette force torrentielle ? Si je ne suis pas soutenue, je percerai la surface de la Terre et mes eaux déferleront jusqu'aux planètes infernales. »

La déesse du Gange demanda au roi Bhagirath de trouver une personne capable d'arrêter sa chute. Le roi pria alors le puissant Shiva de bien vouloir supporter les flots impétueux du Gange sur sa tête. Shiva accepta cette proposition.

Depuis, Shiva soutient sur sa tête le Gange dont les eaux sacrées coulent désormais sur notre planète. Le sommet et le glacier himalayens d'où coule le Gange portent encore aujourd'hui le nom de Bhagirath.

Les textes védiques affirment que quiconque se baigne dans le Gange est lavé de toute souillure matérielle et devient apte à la libération en cette vie même, pouvant dès lors réintégrer le monde spirituel éternel, source originelle du Gange.

Jagannath Puri

Sur la côte est de l'Inde, dans la province de l'Orissa, s'étend la ville de Puri au cœur des palmiers et des plages immaculées. Dessinée en forme de conque, Puri est la célèbre **demeure du Seigneur Jagannath**, une manifestation de Krishna sous forme d'une Murti (Divinité) de bois sacré à laquelle des pèlerins de l'Inde entière viennent rendre hommage dans un des plus célèbres temples de l'Inde.

Souvent appelé « Shri Mandir », le temple s'élève sur ce qu'on nommait jadis Nilgiri, « la colline bleue ». Le temple actuel fut construit sous le patronage du roi Chodaganga Deva au XIIe siècle. Refait à neuf plus d'une douzaine de fois, le temple se dresse toujours au même endroit que l'original.

L'architecture du sanctuaire du temple est typique de l'Orissa. Il est constitué d'un royaume miniature de quatre bâtiments : 1) le Bhoga Mandap, où 54 offrandes de nourriture sont préparées chaque jour pour les Murtis ; 2) le Nata Mandap, une large salle de danses dédiées au plaisir du Seigneur ; 3) le Mukhasala, où le Seigneur donne audience (*darshan*) à tous Ses dévots ; 4) le Badadeula, l'aire du temple principal.

Le temple atteint 65 mètres de haut, ce qui en fait le plus haut de Puri, voire de l'Orissa.

Les portails rehaussés de magnifiques sculptures qui entourent le temple sont uniques. On les appelle « Portail du lion » (est), « Portail du cheval » (sud), « Portail de l'éléphant » (nord) et « Portail du tigre » (ouest). Entre ces portails se pressent les multitudes venues pour apercevoir un bref instant le Seigneur Jagannath.

Forme particulière de Krishna, Jagannath mesure environ 1,50 m. À Sa droite se trouve Subhadra, Sa sœur (manifestation de Yogamaya, Sa puissance mystique) et à la droite de celle-ci, Leur frère aîné Baladeva (émanation plénière de Jagannath).

Les Divinités paraissent immenses, inspirant révérence et dévotion. De nombreux habitants de Puri viennent chaque jour pour les voir et obtenir du *mahaprasad* – la nourriture offerte aux Murtis et distribuée quotidiennement à des milliers de personnes. Mais la véritable nourriture à Puri est de nature spirituelle, car chacun s'y nourrit de l'énergie du Seigneur Jagannath.

Baladeva, Subhadra et Jagannath.

L'ancien temple de Jagannath, l'un des plus importants lieux de pèlerinage de l'Inde de l'Est.

Le festival des chars

À l'exception de la Kumbha Mela, le festival annuel du Ratha-yatra (le Festival des Chars) attire la plus grande assemblée de pèlerins en Inde. À l'occasion de ce festival, les Divinités **Jagannath**, **Baladeva** et **Subhadra** sortent du temple et sont placées sur trois immenses chars spécialement construits pour le défilé du festival.

Le char personnel de Jagannath se dresse à une hauteur de 15 m et a quelque 11 m de large, ce qui en fait un véritable mastodonte (ou «juggernaut» en anglais, mot dérivé de Jagannath). Seize grandes roues aident le chariot à avancer en douceur sur la route. Le char de Jagannath est suivi de deux autres chars à peine plus petits: ceux de Baladeva et de Subhadra.

Au milieu d'une foule grouillante, plusieurs centaines de prêtres s'occupent des Murtis et des trois chars. Chaque char est muni de quatre très longs câbles que tireront près de 5000 personnes au cours du défilé. Un cortège de millions de participants se presse sous l'ardent soleil d'été tandis qu'un concert de louanges remplit l'espace: «Jaya Jagannath! Gloire au Seigneur de l'univers!» Le défilé se poursuit sur une distance de 3 km jusqu'à ce qu'il atteigne le pavillon de repos du Seigneur, le temple de Gundicha. Sept jours plus tard, un second festival a lieu avec tout le faste et l'énergie du premier festival, marquant le retour du Seigneur au temple de Jagannath. Poètes et artistes ont cherché à décrire la majesté de la procession et la beauté de Jagannath. Voici quelques vers populaires dépeignant la douceur de Jagannath et soulignant Son identité avec Shri Krishna.

1. Parfois, animé d'une joie profonde, Jagannath emplit les bosquets des rives de la Yamuna du puissant son de Sa flûte. Il est un bourdon butinant les doux visages pareils-au-lotus des *gopis* de Braj. Puisse Jagannath Swami être l'objet de ma vision.

2. Dans Sa main gauche, Jagannath tient une flûte. Il porte sur Sa tête des plumes de paon et de fines soieries jaunes couvrent Ses hanches. Du coin des yeux, Il jette des regards langoureux sur Ses dévotes pleines d'amour. Puisse Jagannath Swami être l'objet de ma vision.

3. Lorsque Shri Jagannath Se déplace sur Son char de Ratha-yatra, on entend les chants et les prières offertes d'une voix puissante par des foules de brahmanes. Et entendant leurs hymnes, Jagannath devient favorablement disposé à leur égard. Il est un océan de miséricorde et le véritable ami de tous les mondes. Puisse Jagannath Swami être l'objet de ma vision.

LE SENS PROFOND DU RATHA-YATRA

Bien que Krishna soit devenu plus tard un grand roi, Il passa Son enfance dans le village de Vrindavan, où Il Se divertissait avec les petits pâtres et les gopis, dont Radharani était Sa préférée.

Or, quand Krishna quitta Vrindavan pour devenir roi de Dwaraka, Shrimati Radharani Se répandit en lamentations sans pareilles dans l'univers entier. Elle ne renonça jamais à l'espoir de Le voir revenir un jour, éprouvant une nostalgie transcendantale appelée *vipralambha-bhava*, ou « l'amour dans la séparation ».

Un jour, Krishna retrouva Radharani et Ses amies dans un lieu retiré à Kurukshetra, un pèlerinage situé dans le centre-nord de l'Inde. Mais lorsque Radharani Le vit vêtu comme un prince, avec toute l'opulence et les insignes de la royauté, Elle regretta le petit pâtre qu'Elle avait connu. Elle languissait de Le ramener à Vrindavan.

Ce désir de ramener Krishna à l'intimité de Vrindavan représente le thème confidentiel du festival du Ratha-yatra. Quand les dévots tirent les longs câbles du char de Ratha-yatra, c'est pour ramener Krishna dans leur cœur, Le faire revenir à Vrindavan.

En S'incarnant en Chaitanya Mahaprabhu, Radha et Krishna furent réunis dans un même corps. Néanmoins, durant les

dernières années de Sa vie, à Jagannath Puri, le Seigneur Chaitanya manifestait pleinement l'état d'âme de Radharani et Se lamentait sans cesse sur la tragédie divine de la séparation de Radha et Krishna.

Chaque année à Jagannath Puri, le Seigneur Chaitanya célébrait le festival du Ratha-yatra avec l'état d'âme de Radharani, désireuse de ramener Krishna dans l'atmosphère simple et rurale de Vrindavan. Mahaprabhu enseignait que ce sentiment de séparation permet de ressentir la présence de Krishna et procure finalement le plus grand bonheur. Tel est donc le sens profond du Ratha-yatra.

Voyage et séjour

Dans le présent chapitre, nous avons mis en lumière un certain nombre de **lieux saints** qui constellent le sous-continent indien. La majorité des indiens considère comme des sites importants les Sapta-puris, «les Sept Villes», aussi appelées Mokshapuris, «les villes qui **accordent la libération**»: Ayodha, Mathura, Haridwar, Bénarès, Kanchi, Ujjain et Dwaraka. Les textes indiens prônent également sept **fleuves sacrés**: le Gange, la Yamuna, la Godavari, la Sarasvati, la Narmada, le Sindhu et la Kavéri.

Cependant, les plus importants lieux de pèlerinage pour les *vaishnavas gaudiyas* sont Braj (Vrindavan), Mayapur et Jagannath Puri. Même si les lieux saints ne peuvent être atteints en vérité que par la méditation intérieure et une dévotion intense, on peut commencer son voyage en explorant ces manifestations extérieures du monde spirituel. Nous vous présentons donc ici des cartes et autres informations sur les trains, les principaux endroits où loger et les temples sacrés.

Braj (Vrindavan)

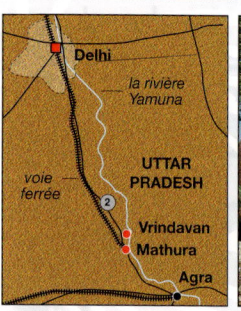

Braj compte plus de 5 000 temples, dont les plus importants sont ceux de Madan-mohan, Govindadev, Radha-raman, Radha-Gokulananda, Radha-Damodar, Banki-behari, Radhavallabha, Jugal Kishor, Radha-Gopinath, Radha-Shyamasundar et Krishna-Balaram. Parmi les autres pèlerinages importants, citons Radha-kunda, la colline Govardhan et le lieu de naissance de Krishna à Mathura.

De New Delhi à Mathura: Mathura, la petite ville intimement liée à Braj, est située à 140 km au sud de Delhi. Il faut environ trois heures pour s'y rendre en taxi. Le train (ex.: le Taj Express, qui part à intervalles réguliers de la gare Nizamuddin de Delhi pour arriver directement à Mathura Junction) écourtera le voyage d'une heure environ. Mathura est située à 10 kilomètres au sud de la circonscription de Vrindavan. Il faut une demi-heure pour s'y rendre en auto-rikshaw (et un peu moins en taxi).

Endroits où loger: Le centre d'accueil d'ISKCON à Vrindavan qui est équipé de nombreuses commodités occidentales est agréable et pratique. Maheshwari Ashram est bon marché et confortable, de même que Jai Singh Gera à Radha-Raman. À Mathura, on peut se loger à l'hôtel Agra et à Radha Ashok.

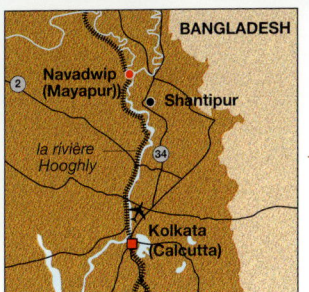

Shankh et Vamsi, possédant littéralement des centaines de chambres dotées d'excellentes facilités. Pour tout renseignement complémentaire, visitez le site www.mayapur.info.

Mayapur

On trouve à Mayapur les lieux saints relatifs aux divertissements de Shri Chaitanya et Ses compagnons, notamment le lieu de naissance de Chaitanya. Plusieurs ruines de l'époque chaitanyenne sont devenues des sites touristiques importants ; certaines ont été remises à neuf par l'Archeological Survey of India. L'attrait principal de Mayapur est le vaste complexe du temple d'ISKCON. Tous les jours, des dizaines d'autocars de luxe transportant des pèlerins arrivent de Calcutta ou d'ailleurs.

De Kolkata à Navadvip / Mayapur : Mayapur est située à 120 km au nord de Kolkata. Bien que le meilleur moyen de transport pour s'y rendre soit sans doute le taxi, plusieurs pèlerins prennent le train depuis les gares de Shealdah et d'Howrah jusqu'à Krishnanagar ou Navadvip. De Navadvip, on fait un court trajet en rikshaw jusqu'aux rives du Gange pour la traversée en bateau vers Mayapur. De l'autre côté du Gange, un autre court trajet en rikshaw permet d'arriver à Mayapur même. Il existe un autre parcours : le Kamrup Express. Il y a aussi un autocar matinal qui part pour Mayapur depuis la station Esplanade du centre-ville de Kolkata, mais le trajet est plus long puisque l'autocar fait de nombreux arrêts. On peut aussi prendre le « Mayapur Bus » mis en service par ISKCON ; il fait chaque jour l'aller-retour Mayapur-Kolkata.

Endroits où loger : On peut se loger à l'hôtel Janbhi-tirtha, situé au centre de Mayapur. Mais ISKCON jouit toutefois de la meilleure capacité d'hébergement : l'édifice Chakra s'avère économique, tandis que l'édifice Lotus est coûteux mais doté de meilleurs aménagements. ISKCON Mayapur possède plusieurs autres centres d'accueil appelés Gada,

Jagannath Puri

Demeure de Jagannath, la ville Puri est l'endroit où Shri Chaitanya vécut pendant les 18 dernières années de Sa vie. Sise au bord de la mer sous un climat tropical, c'est aussi un havre pour les personnes en quête de spiritualité.

De Bhubaneshwar à Puri : L'aéroport le plus proche de Puri est celui de Bhubaneshwar, situé à 60 kilomètres. Indian Airlines effectue des vols à destination de Bhubaneshwar depuis Delhi, Kolkata, Hyderabad, Chennai (Madras) et Mumbai (Bombay). Pour aller de Delhi à Puri, on peut prendre le Neelachal Express, un train qui fait le trajet en moins de 32 heures. Le Howrah-Puri Express, qui part de Kolkata, prend environ 11 heures. Les autocars à destination de Bhubaneshwar depuis Delhi et Kolkata sont généralement plus rapides que les trains. Le trajet Bhubaneshwar-Puri dure environ deux heures en train ou en autocar.

Endroits où loger : Puri attire les touristes pendant toute l'année et possède de nombreux hôtels, auberges de jeunesse et ashrams. La partie nord-est, juste en retrait de Chakra Tirtha Road, est dotée de nombreux hôtels bon marché. Le plus populaire est l'hôtel Puri, situé dans la principale zone touristique indienne près de Beach Sea Road. Le Nilachal Ashok et le Mayfair Beach Resort offrent les commodités de la plus haute qualité.

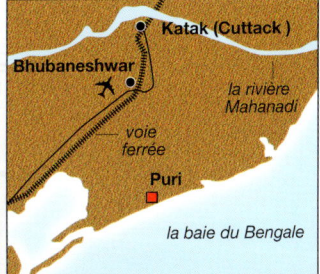

« Parmi toutes les formes traditionnelles d'adoration de Krishna… la relation entre esthétique et religion a été le plus savamment élaborée. Nulle part ailleurs… l'esthétique prédomine-t-elle davantage que dans la dévotion à Krishna, L'infiniment fascinant. Chacun des arts en effet, a été utilisé pour révéler Sa beauté. »

— Donna M. Wulff
Maître de conférences, Études des religions
Université Brown

LES ARTS 8

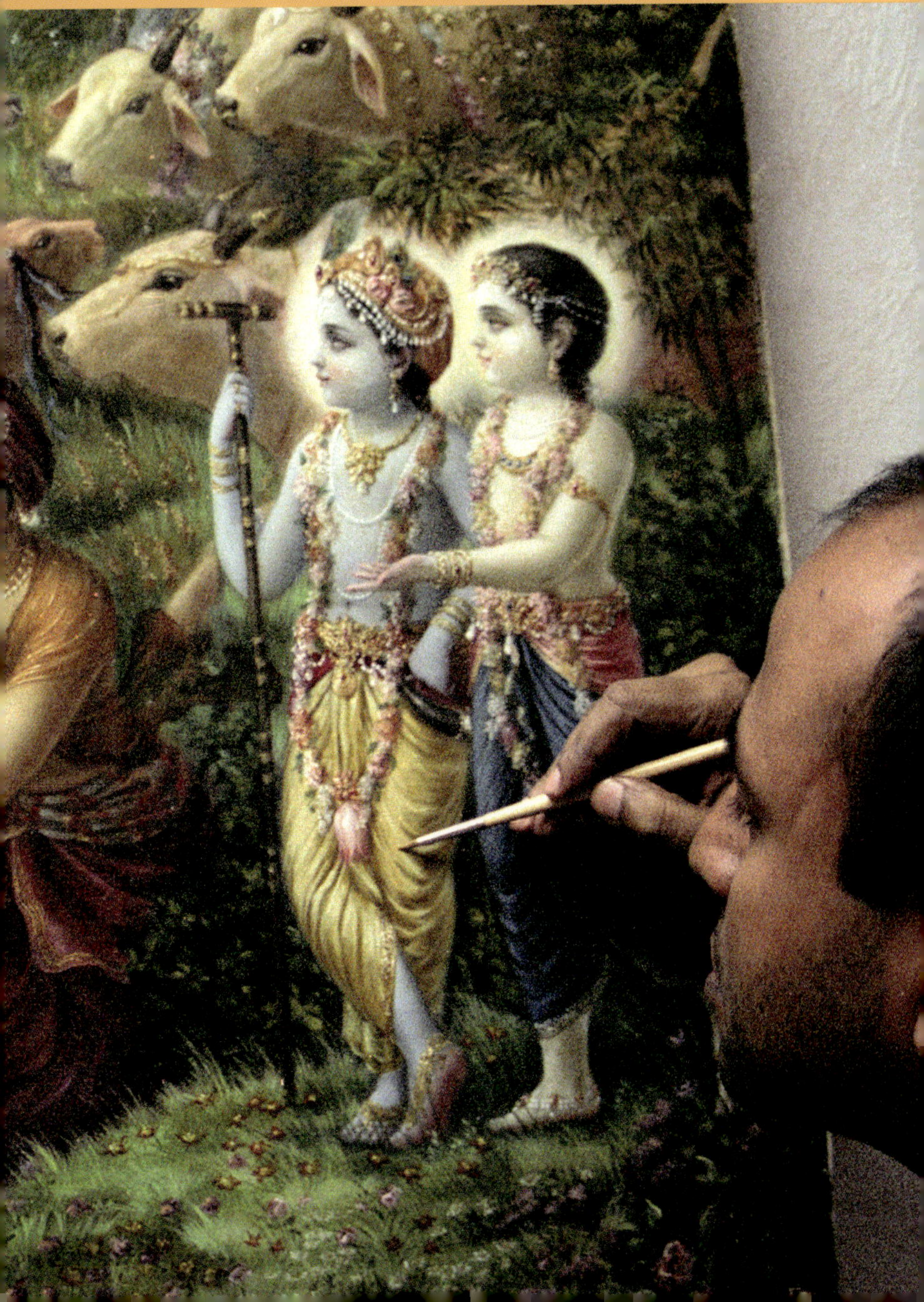

Les Beaux-Arts

Pour le vaishnava, l'art et le yoga fusionnent. Le yoga est généralement synonyme de maîtrise des sens, d'abstinence de toute jouissance. Or, le *bhakti-yoga* permet au vaishnava d'utiliser tous ses sens dans sa quête du Divin. Dans le même ordre d'idée, l'auteur Ananda Coomaraswamy (1877-1947), qui fut longtemps conservateur de la section d'art indien du Musée des Beaux-arts de Boston, explique que l'inspiration artistique en Inde est généralement dérivée «de l'esprit d'adoration, la dévotion amoureuse et passionnée pour une divinité». Il fait remarquer qu'en Inde, le but même de «l'amant» (c.-à-d. l'artiste) est «d'établir une relation personnelle avec le Bien-aimé» (c.-à-d. Dieu) et que le «symbole plastique» (c.-à-d. l'œuvre d'art) est créé dans ce but.

Il n'est ainsi guère étonnant que l'expression artistique occupe une place importante dans le vaishnavisme. En fait, les *vaishnavas* sont parfois qualifiés «d'ascètes de l'esthétisme», ou de yogis appréciant le rôle de la beauté lorsqu'il s'agit de nourrir une relation avec le divin. Les divertissements très vivants et détaillés de Krishna tels qu'ils sont retracés dans le *Bhagavat Purana* et la *Gita-govinda* de Jayadeva ont inspiré des millions de sculptures et de peintures tout au long de l'histoire de l'Inde.

Les plus anciennes sculptures de Krishna remontent à la période Kushana (IIe - IIIe siècles) et proviennent de Mathura. Surtout faites de pierre, elles possèdent des formes simples et élémentaires. Dans les siècles qui ont suivi, les sculpteurs du sud de l'Inde ont aussi utilisé les métaux, le bois et la terre cuite.

Peut-être la période la plus prospère de la sculpture indienne et de l'art en général fut-elle la période des Guptas, dite «classique» (IVe - VIe siècles). Le célèbre indianiste A. L. Basham écrit : «La sculpture Gupta évoque la sérénité, la sécurité et la certitude. On doit à cette période l'art religieux le plus authentique qu'ait jamais produit l'Inde».

L'Inde a par ailleurs joui d'une riche période de renaissance de la peinture pendant la dynastie moghole. À cette époque, même certains des souverains musulmans étaient de grands partisans de l'art *vaishnava*. L'empereur Akbar (1556–1605) en particulier avait chargé des artistes d'illustrer les célèbres épopées du *Ramayana* et du *Mahabharata*, entre autres classiques. À cette même époque, les miniatures de l'Inde atteignirent un niveau encore supérieur de sophistication.

Dans les années 1680, Raj Kirpal Pal, roi de l'État de Basohli parainna des artistes *vaishnavas*. Une nouvelle école naquit alors. Des représentations de Krishna subtilisant du beurre, Krishna Se divertissant avec les *gopis*, Krishna sur les genoux de Sa mère Yashoda, Krishna l'amant de Radha, révélaient une grande intensité émotionnelle.

Au XVIIIᵉ siècle, les peintres de l'État de Kangra créaient des œuvres exprimant le ravissement de Krishna, l'amant divin. Leur source d'inspiration était toujours le *Shrimad Bhagavatam* et la *Gita-govinda* de Jayadeva.

Les artistes du XXᵉ siècle tels que Jamini Roy et George Keyt sont les précurseurs du développement de la peinture krishnaïte moderne. Roy a produit des centaines de peintures de Krishna jouant de la flûte ou dansant, et Keyt a réalisé plusieurs peintures et des dessins sur les thèmes de la *Gita-govinda*. Parmi les principaux peintres *krishnaïtes* contemporains, citons B.G. Sharma, dont les représentations de Krishna sont peut-être les plus populaires dans le genre, et les artistes de l'académie des Beaux-arts «néo-védiques» d'ISKCON, qui marient les thèmes traditionnels aux styles des grands maîtres européens.

La Poésie

*« Douce, douce est la forme de mon cher Seigneur,
  Plus doux encore Son visage angélique,
Mais Son gracieux sourire au parfum de miel,
  Est d'une douceur plus exquise encore. »* – Bilvamangala

Un des innombrables noms de Krishna est Uttamashloka : « Celui que l'on glorifie à l'aide de mots choisis et poétiques ». Ainsi les Écritures comparent-elles le teint de Krishna à un sombre nuage de pluie, Ses yeux à des lotus, et les ongles brillants de Ses pieds aux lunes rafraîchissantes d'automne. « Sans poésie et sans réalisation spirituelle, disait Shri Chaitanya, il serait impossible de décrire les sujets spirituels. »

On trouvera des exemples de profondeur poétique spirituelle dans les vers de Jayadeva, poète mystique du XIIe siècle. Sa *Gita-govinda* est riche de révélations intimes et d'effusions vibrantes d'amour pour Radha et Krishna. Mirabaï, poétesse de la *bhakti* du XVIe siècle, chante les louanges de Krishna avec un amour et une ferveur spirituelle intenses.

Parmi les autres poètes *vaishnavas* notoires, citons Andal et Nammalvar (aux IXe et Xe siècle respectivement), Bilvamangala (XIe siècle), Chandidas (XIVe siècle), Surdas, Rupa Goswami, Kavi Karnapura (XVIe siècle), et Narottam das Thakur (XVIIe siècle).

Bien que la plupart des poètes cités ici aient écrit en langues régionales comme le Braj-bhasha ou le bengali, ils ont tous utilisé les

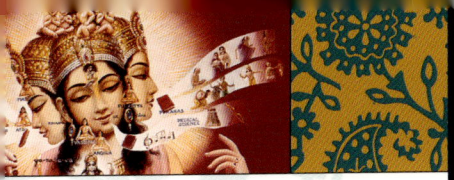

LA THÉOLOGIE DU RASA
La poétique de la relation sacrée

Un élément clé de la poésie *vaishnava* réside dans le concept du *rasa*. Bien que de subtiles nuances différencient la façon de définir ce terme, dans les sciences naturelles (par ex. l'Ayurvéda), la poétique et la théologie, on lui prête généralement le sens de «goût» ou «saveur». Par extension, il peut aussi signifier «sentiment ou émotion intense» ou bien «ravissement esthétique».

Une des premières mentions du terme *rasa* apparaît dans la *Taittiriya Upanishad* : *raso vai sah* – «Dans l'expérience esthétique spirituelle s'incarne l'ultime réalité.» Pour explorer la signification de cette citation relativement aux arts poétique ou dramatique, il faut considérer une première forme de la théorie du *rasa* présentée dans le *Natya-shastra* de Bharata Muni. Cette théorie se fondait sur une prémisse simple : si une émotion surgit dans un environnement spécifique, provoquant certains gestes et réactions, le fait de recréer dans le théâtre cet environnement et d'imiter ces gestes et ces réactions reproduit alors une émotion semblable chez le spectateur sensible et cultivé aussi bien que chez l'acteur. Un tel spectateur est qualifié de *rasika*, car il peut goûter la véritable saveur, ou émotion, d'une représentation dramatique.

Au IXe siècle, Anandavardhana poussait plus loin l'idée de Bharata en l'appliquant à la poésie et à toute expérience esthétique. Au XIe siècle, Abhinavagupta élargissait encore les concepts des esthéticiens antérieurs et établissait le lien important entre l'expérience esthétique et la transformation religieuse. Au même siècle, Bhoja allait encore plus loin en soulignant la prééminence du *madhurya-rasa*, ou sentiment d'amour conjugal. Dès le XIIe siècle, des compositions comme la *Gita-govinda* de Jayadeva faisaient leur apparition et employaient la méthodologie et la terminologie de la théorie et de la poétique esthétiques.

Les Six Goswamis de Vrindavan (XVIe siècle) reconnaissaient la terminologie et les catégories de la théorie du *rasa* comme étant idéales pour exprimer les découvertes et les réalisations de la réalité divine qui seraient difficiles à traduire autrement. Grâce à Rupa Goswami surtout, la théorie du *rasa* a atteint de nouveaux sommets. Dans l'optique de Rupa, le spectateur *rasika* cultivé est remplacé par le *rasika bhakta*, le dévot de Krishna situé à un haut niveau d'élévation spirituelle, et le divertissement dans lequel il s'absorbe est l'éternel divertissement de la *krishna-lila* et non quelque drame fictif de conception humaine. L'amour pour Krishna *(krishna-rati)* doit être compris comme le sentiment dominant *(sthayi-bhava)* de la dévotion, sentiment qui constitue une relation permanente plutôt que des émotions passagères comme celles suscitées par un spectacle profane. À part cette importante différence, il existe une grande similarité entre la façon dont opère le *rasa* de l'amour pour Krishna et les mécanismes de la théorie esthétique : il est dit que le *rasa* s'éveille par une série complexe de stimulants *(vibhavas)*, de manifestations *(anubhavas)* et de sentiments complémentaires appropriés *(vyabhichari-bhavas)*. Quand le *rasa* de la *krishna-bhakti* est éveillé comme il se doit, toutefois, il touche ceux et celles qui le vivent d'une manière qu'aucun spectacle ordinaire ne pourrait le faire. Des manifestations physiologiques de l'extase dévotionnelle *(sattvika-bhavas)*, comme les larmes et le hérissement des poils, apparaissent alors, transformant ces dévots en amoureux de Dieu.

règles de la poésie sanskrite classique (Kavya), accédant ainsi à une riche variété de procédés littéraires, que ce soit des allitérations *(anupras)*, des rimes *(antanupras)*, des métaphores, des comparaisons ou des ambiguïtés, toutes centrées sur Krishna.

La plus ancienne poésie *vaishnava*, comme celle qui remplit les pages du *Shrimad Bhagavatam*, est écrite en sanskrit.

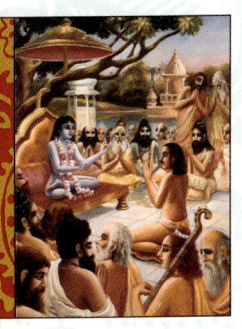

La littérature sanskrite a plus tard donné naissance à un style poétique particulier appelé *stotra* (mot dérivé de la racine verbale *stu*, qui veut dire «louer, glorifier, faire l'éloge de, exalter, célébrer par un chant ou un hymne»). Le *stotra*, ainsi que plusieurs autres genres littéraires tels que le *champu* (un mélange de vers et de prose), sont désormais des moyens établis pour transmettre la poésie de l'amour dévotionnel en Inde. Peu importe le langage ou le style de présentation, la poésie *vaishnava* conduit à une conclusion on ne peut mieux exprimée par un poète krishnaïte inconnu des temps anciens : «Ô Krishna, sans Toi tout est ténèbres!»

Le THÉÂTRE

« Le théâtre de la tradition vaishnava… revêt une importance qui va bien au-delà de son incontestable fonction de divertissement. D'un déroulement complexe et d'une vaste portée, il transmet efficacement l'expérience religieuse et s'avère un instrument éducatif majeur dans la société. »
– Norvin Hein, *Professeur émérite à l'Université de Yale, USA*

Le *Natya-shastra*, traité sanskrit compilé par le sage Bharata Muni, est considéré comme l'un des plus anciens manuels d'art dramatique. On peut y lire un récit au cours duquel les dévas approchent leur créateur Brahma en lui disant : « Nous souhaiterions nous divertir à travers une forme d'expression artistique qui emploie des éléments visuels, musicaux, narratifs et poétiques pour élever l'âme. » En réponse à leur requête, Brahma crée le théâtre. Décrivant sa nouvelle création, Brahma dit : « Le théâtre deviendra une source d'instruction pour le monde. »

Dans son *Natya-shastra*, Bharata Muni non seulement définit les lois qui régissent la création littéraire idéale, mais décrit avec précision comment chaque œuvre de littérature dramatique doit être jouée. Il divise les arts dramatiques en quatre catégories : *vachika*, l'art de la voix, de l'intonation et du discours ; *angika*, les mouvements, les gestes et les postures du corps et des membres ; *aharya* et *nepathyaga*, le maquillage, les costumes et les décors ; *sattvika*, la conformité de la conscience de l'acteur au rôle qu'il doit jouer et aux émotions qu'il doit communiquer.

L'art dramatique sanskrit emprunte style et technique aux Védas : dans le *Rig Veda*, il puise l'art de la récitation ; du *Sama Veda*, il tire chants et mélodies ; du *Yajur Veda*, il prend l'interprétation ; de l'*Atharva Veda*, les sentiments et les émotions.

De même que le *rasa* (littéralement, la « saveur » que procure une relation personnelle avec le Divin) est un concept important dans la littérature védique, la « saveur » ou « état d'âme » incarne l'essence de la théorie dramatique sanskrite. Traditionnellement, le but d'un acteur *vaishnava* est de faire en sorte que le *rasa* représenté dans une œuvre dramatique soit accessible au public et évoque des émotions et des réactions intenses. La tâche du dramaturge et des acteurs est d'amener le spectateur à ressentir les complexités du *rasa* dramatique, et plonger chaque membre du public

dans une expérience qui, tout en étant instructive, reste profondément émotionnelle.

Les *vaishnavas* affectionnent donc la littérature dramatique. Ils réalisent que philosophie et théologie trouvent leur meilleur moyen d'expression dans la poésie et le théâtre. Un simple poème ou une pièce de théâtre sont davantage susceptibles d'évoquer la compréhension et le sentiment religieux que des milliers de pages d'arguments raisonnés. L'expérience religieuse, comme toute autre expérience, n'est pas véhiculée de façon efficace par le simple langage. Par contre, lorsque les sens sont engagés à regarder une pièce de théâtre, il est plus probable qu'on soit transporté sur le plan émotionnel et psychologique dans la réalité recréée sur scène.

Les auteurs *vaishnavas* ont donc produit une grande variété de pièces de théâtre. Une des plus anciennes est le *Balcharita*, pièce en cinq actes attribuée à Bhasa (vers le premier siècle) et axée sur les activités d'enfance de Krishna. Plusieurs siècles plus tard, le dramaturge Shesha Krishna a composé une pièce du nom de *Krishnakavi*, qui s'apparente au *Balcharita*. Les troupes Rasa-lila de Braj les font encore revivre de nos jours en les jouant chaque année.

Deux autres œuvres *gaudiyas vaishnavas* sont le *Jagannath-vallabha-natakam* de Ramananda Roy et le *Chaitanya-chandrodaya-natakam* de Kavi Karnapura, qui datent du XVIe siècle environ. Le *Vidagdha-madhava* de Rupa Goswami, pièce qui relate les divertissements intimes de Krishna à Vrindavan, ainsi que son *Lalita-madhava*, qui retrace la vie ultérieure de Krishna à Dwaraka, sont peut-être les plus appréciées du canon des *gaudiyas vaishnavas*.

Shri Chaitanya Mahaprabhu joua Lui-même dans un certain nombre de pièces de théâtre avec Ses compagnons. Ses biographes mentionnent particulièrement l'épisode où Il joua le rôle de Rukmini, l'épouse de Krishna à Dwaraka. Lorsqu'Il revêtait le costume et le maquillage de Rukmini, Il pénétrait virtuellement dans sa réalité. Son jeu était si authentique que tous les *vaishnavas* oubliaient que ce n'était qu'une mise en scène.

L'ŒUVRE DRAMATIQUE ULTIME

Pour Rupa Goswami et les autres théologiens *vaishnavas*, la seule œuvre dramatique qui puisse induire le véritable *rasa* est le divin divertissement de Krishna, considéré comme l'ultime réalité. David Haberman, professeur agrégé en étude des religions à l'Université de l'Indiana, écrit : « L'important pour Rupa n'est pas tant l'aptitude du théâtre générique à nous élever au-delà du quotidien. Ce qui l'intéresse profondément est ce qui nous permet de participer au seul véritable scénario... Pour le *gaudiya vaishnava*, le salut se définit comme la participation éternelle à ce scénario absolu. »

la danse

« Dans le monde spirituel, nous disent les poètes vaishnavas, chaque mot est un chant et chaque pas une danse. » Krishna danse sur les têtes du serpent Kaliya et Se livre à la célèbre danse *rasa-lila* avec les *gopis*. En vérité, l'entière création matérielle est souvent conçue sous l'angle de la danse cosmique de Shiva. En réponse à la danse divine du Seigneur, Ses dévots dansent également pour Lui.

Au XVIe siècle, les danses extatiques faisaient partie intégrante des *kirtans* nocturnes de Shri Chaitanya. Depuis cette époque, les danses exubérantes sont une des caractéristiques notables des *kirtans* (glorification du Seigneur par les chants et les louanges) des *gaudiyas vaishnavas*.

Les Devadasis sont des danseuses rattachées à un temple, tel celui de Puri ; ce sont des dévotes élevées absorbées en Dieu tout comme les derviches tourneurs du soufisme. Comme tous les autres éléments de la tradition, la danse sacrée de l'Inde est devenue un moyen d'expression artistique complexe faisant appel aux *mudras* (gestes des mains), aux *abhinayanas* (expressions faciales et mouvements du corps) et aux *gatis* (positions complexes des pieds). On compte quatre traditions principales en Inde, dont chacune possède un style et une technique uniques : le Bharat Natyam, originaire du Tamil Nadu dand le sud de l'Inde ; le Kathakali, originaire du Kerala ; le Kathak, venu de l'Uttar Pradesh au nord ; et le Manipuri, spécifique à l'État de Manipur. Ces formes de danse, ainsi que les nombreux autres types de danses classiques et folkloriques, servent dans la tradition *vaishnava* à dépeindre les divertissements de Krishna et de Ses multiples *avatars*.

La danse traditionnelle en Inde est aussi belle que stimulante pour l'esprit. Elle retrace généralement une histoire de la vie de Krishna ou d'autres êtres divins. Elle exprime aussi l'exubérance avec laquelle on célèbre sa dévotion pour Dieu.

QUELQUES MUDRAS ET LEUR SIGNIFICATION

Vishnou **Shiva**

La femme 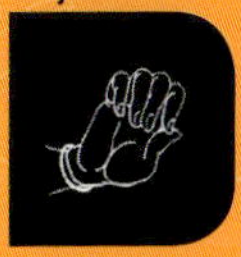 **Le paon**

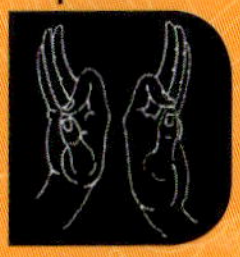

La fleur **La demi-lune**

La beauté **Le chagrin**

La musique

« La musique est un médiateur entre le monde de l'intellect et celui des sens... C'est la seule entrée spirituelle dans l'univers supérieur. »
— Ludwig van Beethoven

« La musique glorifie Dieu. Aussi apte, voire plus, à Le louer que la construction d'une église avec toutes ses décorations, la musique est le plus bel ornement de l'église. »
— Igor Stravinsky

Les sentiments joyeux qu'éveillent la musique, les hymnes et autres formes de glorification mélodieuse du Seigneur sont une sorte de théologie sonore où artiste et auditoire peuvent comprendre le Divin plus facilement que par d'autres moyens. Ceci est particulièrement évident dans le vaishnavisme où, depuis des millénaires, la musique fait partie intégrante de la tradition mystique.

La musique est souvent associée aux divinités : la déesse Sarasvati et le céleste sage Narada jouent de la *vina* (sorte de luth indien) célébrant ainsi leur traversée du cosmos matériel. Krishna fascine l'univers entier grâce aux notes mélodieuses de Sa flûte magique. Shiva, pour sa part, exécute la danse de la destruction universelle tout en jouant de son tambour appelé *dindin*.

En Inde du Nord, le terrain très fertile de la musique *vaishnava* a vu naître plusieurs styles aux différences subtiles mais notables.

Les styles musicaux *gaudiyas*, comme le Garan-hati de Narottam Das, le Manohar Shahi de Shrinivas et le Reneti de Shyamananda ont tous des techniques distinctives. À titre d'exemple, le Garan-hati commence lentement et mélodiquement sur un rythme simple, puis devient de plus en plus complexe pour aller crescendo avec des chants et des danses plein d'allégresse. Par opposition aux autres formes de *kirtans*, cette variété unique de musique *vaishnava* comporte toujours des textes dits Gaura-chandrika (c.-à-d.

des prières à Shri Chaitanya révélant qu'Il est identique à Krishna), suivis de louanges directes à Krishna.

Néanmoins, toutes les formes de *kirtan* de l'Inde du Nord utilisent les rythmes tonals et polytonals (*tala*), les formes mélodiques précises (*raga*), les gestes d'expression émotionnelle (*abhinaya*) et la danse (*natyam*).

En Inde du Sud, la tradition musicale est tout aussi développée. La technique dite *araiyar* (c.-à-d. parler, proclamer) des chanteurs-danseurs des principaux temples Shri Vaishnavas, a recours à des techniques vocales et des styles de danse complexes, ainsi que des représentations théâtrales lors de certains jours de fête. Le *Divya Prabandham*, poésie mystique très appréciée des Alvars, sert de base à des myriades de styles musicaux du Sud, dont l'*araiyar*.

Des dévots musiciens du Sud de l'Inde tels que Purandara Das et Tyagaraj ont popularisé la musique *vaishnava* dans le Karnataka. L'Académie de musique de Madras est à l'heure actuelle l'endroit le plus documenté sur les nombreuses formes de la musique *vaishnava*. Les musicologues y ont officiellement adopté la devise suivante : *kanou bina gita nahi* - « Sans Krishna, il n'y aurait pas de chant. »

LES INSTRUMENTS DE MUSIQUE VAISHNAVAS

Bien que tous les instruments de musique puissent être incorporés aux diverses formes de musique *vaishnava*, voici ceux qui sont généralement utilisés :

1. **Le mridanga (khol)** : tambour à deux faces en terre cuite. Un instrument semblable appelé *pakhowaj* est fait de bois, ce qui le distingue du *mridanga* traditionnel par son apparence et les sons qu'il produit.

2. **Les kartals** : petites cymbales à main qui permettent aux musiciens de tenir le rythme et à l'auditoire d'être absorbé de façon presque hypnotique par la musique.

3. **La vishana (corne)** : parfois utilisée de façon erratique durant les *kirtans*.

4. **L'harmonium** : instrument à clavier et à soufflerie dont les tons sont produits en pompant l'air avec régularité à travers des anches de métal.

5. **La vina** : instrument à sept cordes semblable au luth, de la catégorie des cithares, muni d'un long manche et sculpté en forme de poire.

6. **La tanpura** : instrument à cordes semblable au sitar généralement fait de bois ou de citrouille séchée, dont on pince habituellement les quatre ou six cordes l'une après l'autre pour créer un fond sonore de bourdon pour les autres instruments.

« Qui est un yogi ? Qui est un prêtre ? Ce ne sont pas seulement quelques privilégiés qui peuvent emprunter la voie du yoga ou présenter des offrandes appropriées dans le temple. Tous, hommes et femmes, de haute ou de basse naissance, peuvent être des yogis emplis de dévotion ou offrir les modestes fruits de leurs actions au Seigneur. »
— Diana L. Eck
Département d'études sanskrites et indiennes
Université de Harvard

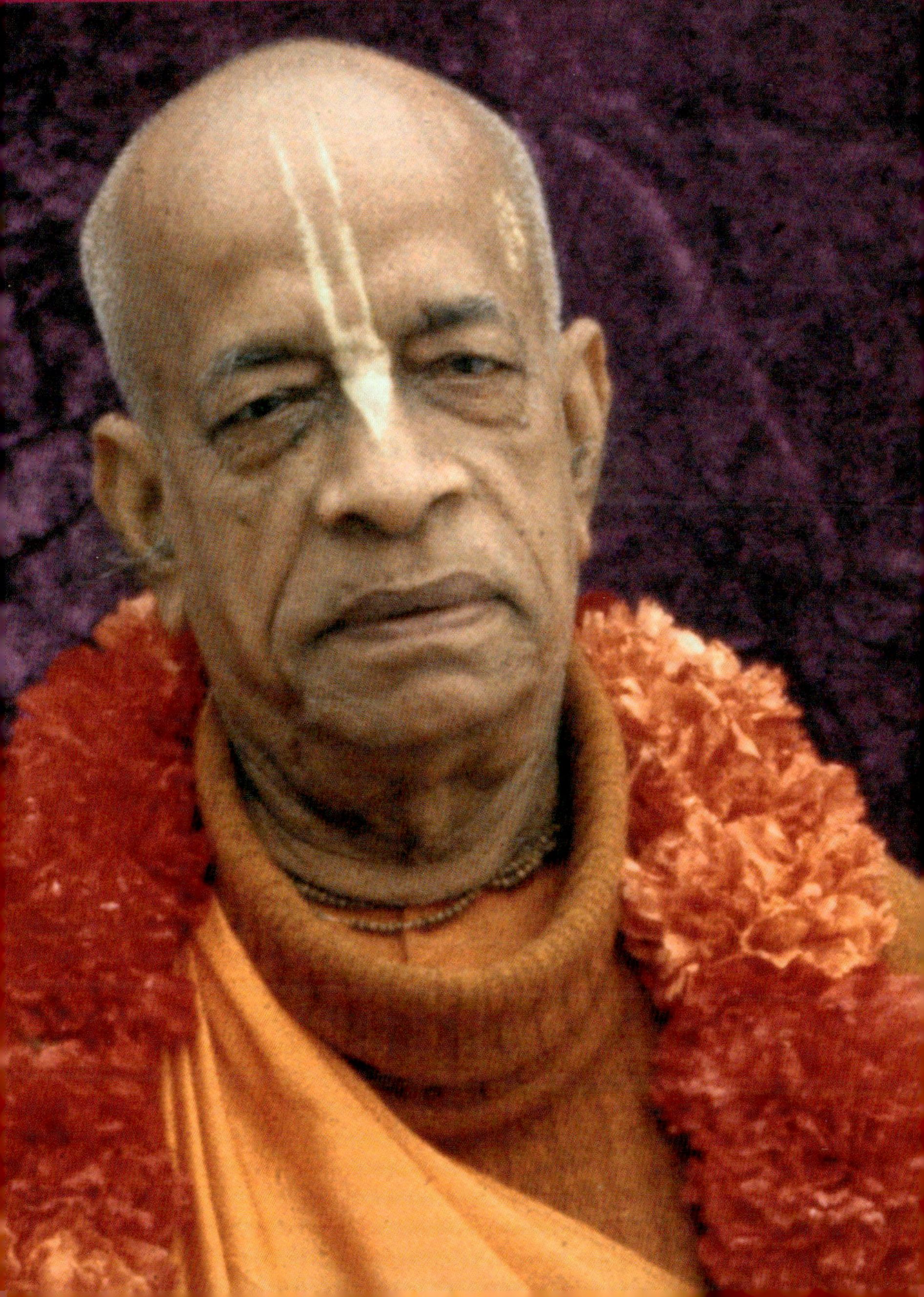

Qu'est-ce qu'un Dévot ?

Toute personne qui pratique le **bhakti-yoga** – le service d'amour et de dévotion au Suprême (Krishna ou Vishnou) – est appelée bhakta (dévot) ou vaishnava. Par contraste avec les voies du *karma-yoga* (qui engage le corps) et du *jñana-yoga* (qui absorbe le mental), la voie de la bhakti regroupe les deux, tout en impliquant aussi le **cœur**. Les Écritures vaishnavas disent que la personne qui adopte le mode de vie du bhakta a déjà parfait la pratique de tous les autres yogas dans une vie antérieure.

Selon la définition la plus large du terme *bhakta*, il n'est pas même requis d'avoir conscience de la relation qui nous unit au Suprême. Tout ce qui vit, en vertu du simple fait d'être partie intégrante de Dieu, est un *bhakta*. Aussi les Écritures *vaishnavas* affirment-elles que toute âme vivante est essentiellement servante de Dieu et, selon cette définition, tout être vivant – qu'il soit plante, animal, humain, etc. – est un dévot du Seigneur.

On trouve une autre définition plus courante dans le *Chaitanya-charitamrita*, où le Seigneur Chaitanya dit : « Quiconque apprécie le chant du saint nom du Seigneur doit être compté parmi les *bhaktas*. » Une simple appréciation suffit donc ici. Dans la mesure où ils ne perdent pas de vue l'essence de leur tradition et apprécient la glorification de Dieu, les pratiquants d'autres religions sont aussi des *bhaktas*. On retrouve d'ailleurs cette définition non sectaire chez Bhaktivinode Thakur, grand maître *vaishnava* qui, en entrant dans une église chrétienne, dit : « Mon Seigneur est admirablement bien adoré ici. »

Le pur dévot du Seigneur est le plus grand des *bhaktas*, dans le sens le plus rigoureux du terme. On est considéré comme tel lorsque s'éveille dans le cœur un amour spontané pour Dieu. Jusqu'à ce jour, le *bhakta* peut pratiquer la *bhakti* par devoir, mais être encore très loin du véritable service d'amour qui caractérise la vraie *bhakti*. La compagnie d'un pur *bhakta*, cependant, est l'assurance d'établir la relation entre le dévot et Krishna.

Le principe du guru

Quand on entend les mots « guru » ou « maître spirituel », on pense aussitôt à des maîtres respectables, exemplaires, connus de nous-mêmes ou de nos amis : un prêtre, un rabbin ou un professeur de yoga.

Ces mots peuvent aussi évoquer des images d'arnaqueurs opportunistes ou de swamis controversés qui exploitent autrui pour acquérir confort, richesse et pouvoir personnels. Qu'est-ce qu'un guru au juste ? Que disent les textes sacrés originaux sur le sujet ? Concentrons-nous d'abord sur deux questions fondamentales : a-t-on besoin d'un guru lorsqu'il est question de spiritualité ? Comment savoir si un guru est authentique et quelles sont ses qualifications ?

Les Écritures védiques affirment que la nécessité d'un maître étant évidente dans toutes les branches du savoir, elle s'applique aussi dans le domaine de l'éducation spirituelle. À titre d'exemple, bien qu'il soit connu pour son profond esprit analytique et philosophique, saint Thomas d'Aquin n'en avait pas moins étudié sous la tutelle de saint Albert le Grand. Aristote eut pour maître Platon, qui avait lui-même étudié auprès de Socrate. Quand Krishna est venu en ce monde, Il eut Sandipani Muni comme précepteur spirituel tout comme Chaitanya Mahaprabhu reçut l'enseignement d'Ishvara Puri. De toute évidence, qu'on soit spirituellement qualifié ou non, il faut un guide spirituel. Les Écritures déclarent : « Pour apprendre la science transcendantale, on *doit* approcher un maître spirituel [guru] authentique appartenant à une succession disciplique [*shrotriyam*]. Le maître authentique est établi dans la Vérité Absolue [*brahma-nishtham*]. » (*Mundaka Upanishad* 1.2.12)

Ce verset souligne l'importance d'avoir un maître spirituel, et aborde déjà notre seconde question : quelles sont les qualifications d'un maître spirituel authentique ? Le mot *shrotriyam* indique que le guru doit appartenir à une succession historique de maîtres, appelée *sampradaya* (lignée). Dans les Puranas sont mentionnées quatre lignées authentiques : la *Shri-sampradaya*, la *Rudra-sampradaya*, la *Kumara-sampradaya* et la *Brahma-sampradaya*. Les Puranas citent également les noms des quatre fondateurs de ces *sampradayas* : Ramanuja, Vishnuswami, Nimbarka et Madhva. Tout guru *vaishnava* authentique doit appartenir à l'une de ces quatre lignées.

De plus, l'essence du savoir enseigné par le guru doit être en accord avec les *shastras* (les textes sacrés) et les *sadhus* (les autres vrais saints à travers l'Histoire). Le guru doit aussi être «établi dans la transcendance» (*brahma-nishtham*), ayant traversé la voie de l'illumination spirituelle, et cet état doit être confirmé par les autorités spirituelles d'une succession disciplique et par les Écritures.

Les textes *vaishnavas* décrivent trois sortes de gurus : le *diksha-guru*, le *shiksha-guru* et le *chaitya-guru*. Les deux premiers nous éclairent spirituellement de l'extérieur ; le troisième, le Seigneur sis dans le cœur, nous éclaire de l'intérieur. Le *diksha-guru* donne «l'initiation» au savoir spirituel. L'étudiant sérieux se voit attribuer un nouveau nom indiquant son affiliation spirituelle à une *sampradaya*. Le *diksha-guru* donne aussi à son disciple une formule sacrée (mantra) sur laquelle méditer. Le *shiksha-guru* sert d'instructeur qui explique les enseignements reçus du *diksha-guru*. Un disciple peut avoir un ou plusieurs *shiksha-gurus*, mais un seul *diksha-guru*.

Le *chaitya-guru* est Dieu Lui-même sis dans le cœur de chacun, qui aide l'aspirant sincère à comprendre le sens ésotérique des thèmes et des enseignements spirituels reçus des *diksha* et *shiksha-gurus*.

Le guru donne à l'âme en quête de spiritualité une nouvelle naissance de nature spirituelle, grâce à laquelle la connaissance et la réalisation de Dieu (*divya-jñana*) grandissent en son cœur. En récitant le mantra reçu du maître, on en vient progressivement à connaître sa propre identité spirituelle, Dieu et la relation personnelle qui nous unit à Lui.

Les Écritures disent que le guru est digne des plus grands honneurs. Mais s'il ne remplit pas les conditions essentielles des Écritures pour assumer ce rôle spirituel, on doit le rejeter. Si, par contre, le maître spirituel est authentique, s'il a toutes les qualités citées plus haut, il (ou elle) s'avère un médiateur indispensable entre le dévot et le Seigneur.

SHRILA PRABHUPADA
un maître des temps modernes

Shri Shrimad A.C. Bhaktivedanta Swami Prabhupada fonda ISKCON (Fédération Internationale pour la Conscience de Krishna) à New York en 1966. Il était venu en Occident comme *représentant* de la Brahma-Madhva-Gaudiya-Sampradaya, lignée disciplique remontant à l'Antiquité.

Shrila Prabhupada naquit en 1896 à Calcutta, en Inde, de parents dévoués à la tradition *gaudiya vaishnava*. Son père, Gour Mohan Dé, et sa mère, Rajani, le nommèrent Abhay Charan, mais on le surnommait aussi Nandu du fait qu'il était né le jour de Nandotsava, le lendemain de la célébration du jour d'apparition de Krishna.

La jeunesse de Shrila Prabhupada fut imprégnée de la culture krishnaïte. Dès sa tendre enfance, il aimait beaucoup Krishna et le festival du Ratha-yatra, organisant régulièrement son propre petit défilé dans son quartier. Préférant le *mridanga* (tambour d'argile) à l'école, il devint néanmoins un excellent élève grâce à l'insistance de sa mère. Montrant un intérêt marqué pour l'expression orale, les débats et les discussions, il acheva ses études supérieures en philosophie, en économie et en anglais au Scottish Churches' College de Calcutta. Peu après, il se dédiait à la cause de Mahatma Gandhi. Jeune nationaliste, il fonda simultanément un foyer et une entreprise pharmaceutique prospère.

Mais tout ceci allait changer lorsqu'Abhay rencontra en 1922 son futur maître spirituel, Shrila Bhaktisiddhanta Sarasvati Thakur, l'un des grands renonçants *vaishnavas* de l'Inde moderne. Philosophe et érudit remarquable, Bhaktisiddhanta en plus d'établir des monastères *gaudiyas vaishnavas* florissants à travers le sous-continent indien, écrivait et traduisait des textes philosophiques complexes.

Il fut le lien qui unit Prabhupada à la *Brahma-Madhva-Gaudiya-Sampradaya* et sa pureté et son érudition marquèrent profondément Abhay Charan. Dix ans après leur première rencontre, Shrila Bhaktisiddhanta initia Prabhupada et lui donna une mission : répandre le message universel de Shri Chaitanya Mahaprabhu en anglais et aider le monde grâce à ce savoir.

Shrila Prabhupada commença à publier des articles puis, en 1944, fonda la revue *Back to Godhead*. En 1959, il adopta l'ordre du renoncement (*sannyas*) et se consacra pleinement à la mission confiée par son maître spirituel.

En 1965, à l'âge de 69 ans, seul et avec seulement 40 roupies en poche, A.C. Bhaktivedanta Swami prit le paquebot de Calcutta pour l'Amérique. Animé d'un désir intense d'apporter le baume de la conscience de Dieu à un monde matérialiste, c'est à cette fin qu'il fonda l'ISKCON (Fédération Internationale pour la Conscience de Krishna). Dans les dix années qui suivirent, Prabhupada établit 108 temples dans les villes principales du monde et initia des milliers de personnes de tout âge et de toute race en quête de spiritualité. De plus, il établit des communautés rurales, fonda des écoles primaires religieuses et ouvrit des restaurants végétariens.

Beaucoup vénèrent Shrila Prabhupada comme le plus grand érudit, philosophe, guru et ambassadeur culturel qu'ait connu l'Inde. Selon le *Britannica Book of the Year* de 1976 : « Il a étonné les milieux académiques et littéraires du monde entier en écrivant et en publiant 52 livres sur la culture védique ancestrale... entre octobre 1968 et novembre 1975. »

Les livres de Shrila Prabhupada, maintenant traduits en plus de 80 langues, sont utilisés dans de nombreuses universités d'Amérique du Nord et dans des milliers de bibliothèques à travers le monde. Sa revue Back to Godhead continue d'être publiée tous les 2 mois après 60 ans de publication.

Ce que Prabhupada accomplit en l'espace de 12 ans est légendaire. Il a quitté ce monde en 1977 à Vrindavan (la terre sacrée de Krishna) après avoir écrit et traduit quantité de livres sacrés et fait 14 fois le tour du monde pour donner des centaines de conférences et guider personnellement ses disciples.

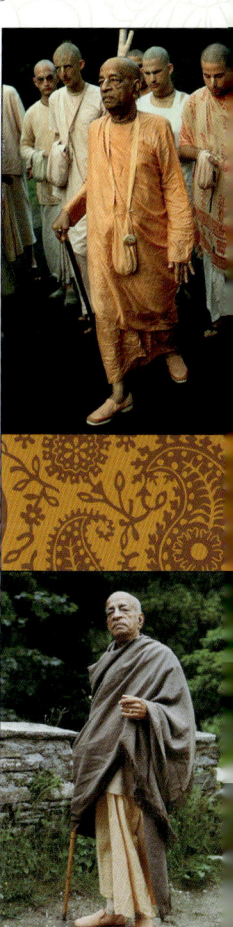

Les Sadhus

En Inde, les moines vaishnavas et shivaïtes méditent dans la jungle ou bien partagent leur vaste connaissance avec les populations des villes. Ce sont leurs vêtements et leurs démarches **religieuses distinctes** qui les désignent comme des adeptes sérieux d'une voie qui prône le renoncement. Des ascètes shaktas, bouddhistes ou jaïns vont de porte en porte mendier leur nourriture. Yogis et contemplatifs peuvent être aperçus près des arbres ou des rivières sacrées, absorbés dans leur méditation sur des divinités ou des **mantras sacrés**. Tous ces personnages d'une profonde spiritualité sont des *sadhus* ; ils font partie intégrante du paysage de l'Inde.

Le *sadhu* est un être qui renonce aux objectifs et aux aspirations matérielles pour se concentrer sur des idéaux spirituels. Il renonce à ce monde en faveur de l'autre. Plusieurs *sadhus* sont des *sannyasis* (membres de l'ordre du renoncement), quoique par définition ils ne soient pas limités à cet ordre seul. Chefs de famille et autres peuvent être qualifiés de *sadhus* s'ils sont avant tout en quête de spiritualité. Le nom de *sadhu* fut donné à l'origine à ceux qui pratiquent une *sadhana*, une discipline spirituelle.

Mentionnons aussi une classe d'individus qui, pour le pouvoir ou le gain personnel, ou encore faute de savoir adéquat, feignent la réalisation spirituelle ou inventent des pratiques spirituelles que ne sanctionne aucune Écriture. Les *vaishnavas* qualitient communément ces personnes de *sahajiyas*, un terme qui signifie désormais « imitateur » mais qui désignait à l'origine sur le plan scolastique certains mouvements bouddhistes et *vaishnavas* hétérodoxes.

Les sadhus étant tous très différents, seule l'étude des Écritures peut nous permettre de distinguer les saints des charlatans.

Les femmes

La mentalité indienne est généralement considérée comme patriarcale sur les plans religieux, économique et social. Or, les premiers textes védiques insistent beaucoup sur le profond respect qu'on doit accorder à la femme. En vérité, les Védas nous disent : « Les dévas se réjouissent là où les femmes sont honorées. » Aussi les femmes devaient-elles être estimées pour leur contribution à la famille et à la société ; on les voyait d'ailleurs comme les déesses du foyer. Pourtant, à certains égards, les traditions ancestrales se montraient conservatrices et déclaraient que la femme dépendait toujours de l'homme – son père, son mari ou son fils aîné – qui devait donc la protéger. Tout en voyant les femmes comme des « mères », la tradition de l'Inde les considère aussi comme des tentatrices, dotées du pouvoir de détourner l'homme de ses objectifs spirituels.

La vision de la femme prédominant dans la tradition védique n'en demeure pas moins empreinte d'un grand respect. La *Bhagavad-gita* (10.34) associe le sexe féminin aux qualités subtiles, dont la sagesse, car Krishna y déclare : « D'entre les femmes, Je suis la renommée, la fortune, le beau langage, la mémoire, l'intelligence, la constance et la patience. »

Quand le mouvement dévotionnel de la *bhakti*, qui mettait l'accent sur le salut accessible à tous, gagna le sous-continent indien au XVIe siècle, il devint encore plus évident que la femme possédait ces qualités. Plusieurs personnalités

du mouvement *bhakti* étaient des femmes, qui incarnèrent ainsi de nouveaux modèles féminins pour l'Inde. Bahinabaï, une *vaishnavi* de haut rang spirituel du Maharashtra, toléra un mari abusif mais finit par le convertir à un mode de vie religieux. Mirabaï, elle, adopta l'approche opposée de la « dévotion féminine » (*stridharma*). Ne voyant que Krishna comme son époux, sa poésie était le reflet de sa dévotion exclusive. Citons aussi Antal Alvar, une des plus éminentes saintes de l'Inde du Sud, qui composa de sublimes poèmes spirituels encore appréciés et récités de nos jours par les Shri vaishnavas.

Ces femmes et beaucoup d'autres servent de puissants modèles religieux ; leur exemple encourage les femmes *vaishnavas* à développer leurs qualités plus raffinées au service du Seigneur. Elles sont reconnues pour leurs vertus spirituelles dans tous les secteurs du monde *vaishnava*.

L'exemple le plus édifiant d'une femme qui excellait dans le *dharma vaishnava* fut peut-être celui de Jahnava Devi. Cette dévote exemplaire devint leader des *vaishnavas* de la fin du XVIe siècle au Bengale. Elle était si respectée que les plus éminents dévots de l'époque, comme Narottam Das Thakur et Srinivas Acharya, s'inclinaient devant elle, la servaient et s'enquéraient du savoir auprès d'elle avec soumission. Elle est hautement honorée et vénérée encore aujourd'hui par tous les *gaudiyas vaishnavas*.

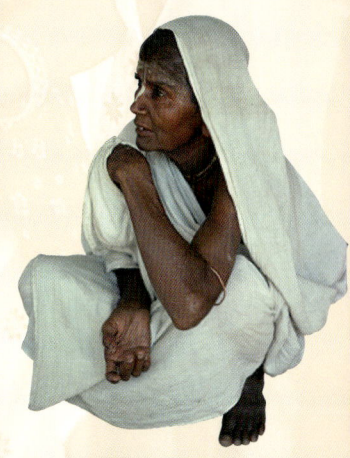

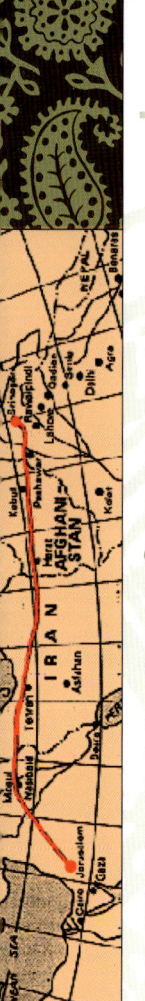

Jésus en Inde ?

En accordant une plus grande importance à l'amour qu'à la hiérarchie sociale, Jésus enseigna une doctrine semblable à celle des écoles bhakti de l'Inde. En fait, le contenu et l'esprit de son message s'apparentent tellement à celui de la bhakti vaishnava que beaucoup concluent à la possibilité d'un lien direct entre Jésus et l'Inde.

D'anciens manuscrits rédigés en pali parlent d'un « saint Issa ». Selon certains, il s'agirait ici de Jésus qui aurait séjourné dans le pays où coule le Gange. Les premiers voyageurs russes et européens découvrirent des documents semblables attestant des voyages de Jésus en Orient. Des auteurs aussi différents que le révérend C.R. Potter et Edgar Cayce – qui écrivaient dans une perspective chrétienne – et Andreas Faber-Kaiser – qui écrivait d'un point de vue musulman – affirment que Jésus se rendit en Inde au cours des dix-huit années de sa vie dont le Nouveau Testament ne fait aucune mention. (La Bible décrit les activités de Jésus depuis sa naissance jusqu'à sa douzième année, puis son ministère de trois ans à partir de sa trentième année, mais ne dit rien de ce qu'il fit entre l'âge de 13 et 30 ans.) À ce jour, personne ne peut dire avec certitude si les récits du séjour de Jésus en Inde sont véridiques ou non.

Tandis que les théologiens d'Occident sont partagés sur le séjour de Jésus en Orient, le *Bhavishya*

Purana, un texte sacré *vaishnava* non sectaire, a prédit le voyage de Jésus en Inde. Dans ses pages, Maharaj Shalewahin demande à un ascète

Des textes palis indiquent que Jésus a peut-être visité ces régions.

Kaboul **Leh** **Lhassa** **Kapilavastu** **Bénarès** **Rajabhita** **Puri**

errant de s'identifier. L'ascète dit s'appeler Issa (forme indo-aryenne de Jésus), ajoutant qu'il est le Fils de Dieu, le Messie qu'attendait son peuple et être né d'une vierge. Il mentionne aussi les Amalécites, une ancienne tribu directement reliée à la tradition biblique. Ainsi le *Bhavishya Purana* prédit-il l'apparition de Jésus ; par conséquent, de nombreux *vaishnavas* acceptent Jésus comme le Fils de Dieu, puisqu'il s'identifie ainsi dans la Bible et dans les Puranas. Dans la *Bhagavad-gita* (9.17) Krishna déclare : « Je suis le père, la mère, le support et l'aïeul de l'univers… » Aussi, lorsque Jésus prie « Notre père qui êtes aux cieux… », les *vaisnavas* considèrent que c'est à Krishna qu'il adresse cette prière.

«Lorsqu'on s'efforce constamment d'accéder à la réalisation du soi, à l'aide des Écritures, en menant une vie théiste et en persévérant dans sa pratique, on peut espérer atteindre le plus haut niveau de dévotion.»

— *Brahma-samhita* 5.59

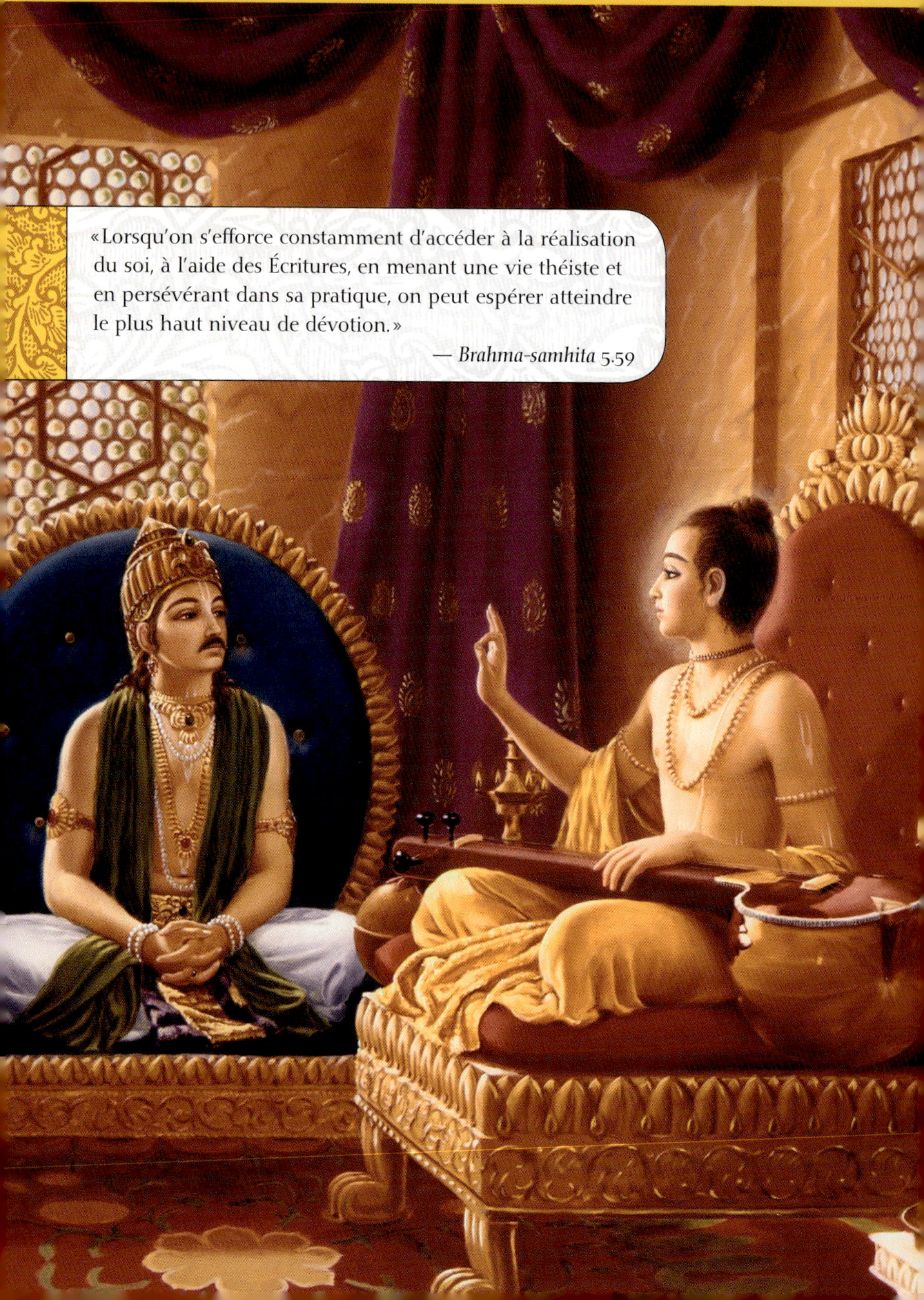

PRATIQUES ET ENSEIGNEMENTS

10

Le Varnashram
Le système social védique

La culture védique tient compte de la nature psychologique de chacun grâce au *varnashram dharma*. Malheureusement, on **confond** souvent cette institution avec le système des castes qui classe les gens selon leur naissance : si quelqu'un naît par exemple dans une famille brahmanique (sacerdotale ou intellectuelle), il sera automatiquement considéré comme un brahmane, qu'il ait les **qualités** requises ou non. Cet immobilisme héréditaire a, de toute évidence, été la cause de grands troubles et de nombreux conflits sociaux dans l'Inde moderne.

La véritable institution du *varnashram* met l'accent sur « les qualités et le travail », non sur la naissance : ce sont les qualifications qui déterminent si un individu a la compétence nécessaire pour faire un travail et non la famille au sein de laquelle il est né.

La *Bhagavad-gita* (4.13) décrit cette institution comme étant le fondement d'une société pour qu'elle fonctionne harmonieusement. Le système du *varnashram* est formée de 4 *varnas* de base (groupes sociaux déterminés en fonction des professions ou devoirs matériels) : 1. les *brahmanes* (prêtres, enseignants et intellectuels), 2. les *kshatriyas* (dirigeants, administrateurs et militaires), 3. les *vaishyas* (agriculteurs et négociants) et 4. les *shudras* (travailleurs manuels). Toute personne peut être à sa place dans une combinaison de ces catégories, mais une inclination professionnelle particulière prédominera.

Le *varnashram* comprend également 4 *ashrams* (étapes spirituelles) : 1. le *brahmacharya* (période d'étude et de célibat), 2. le *grihastha* (vie de famille), 3. le *vanaprastha* (retraite), et 4. le *sannyasa* (renoncement et dévouement complet à l'Absolu). Chaque *varna* et chaque *ashram* est régi par une série différente de règles. La compréhension de l'institution originale du *varnashram* (et non du système de caste qui se développa ultérieurement) s'avère indispensable à la compréhension de la conception sociale vaishnava, qui met l'accent sur le Daivi (divin) *varnashram*, c'est-à-dire le *varnashram* de base, mais spécifiquement axé sur le Suprême.

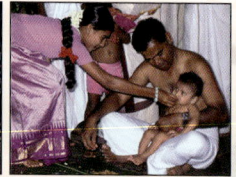

Le brahmachari étudie jusqu'à l'âge de 25 ans, après quoi il peut se marier et devenir un grihastha. Lorsqu'il approche de la vieillesse, il peut se retirer de la vie active et adopter le sannyasa, renonçant ainsi à toute attache avec le monde.

Représentation du corps social : les brahmanes représentent la tête, les kshatriyas représentent la partie supérieure du corps, les vaishyas la partie médiane du corps, et les shudras les jambes. Cette conception, qui remonte au Rig Veda, est reprise dans La république de Platon, où celui-ci affirme que les classes sociales correspondent à une hiérarchie de configurations psychologiques. La classe où l'intellect philosophique prédomine est selon lui la plus haute ; puis viennent ceux qui sont gouvernés par leurs émotions et enfin, ceux chez qui prédominent les « appétits » (désirs sensoriels). Pour Platon la société est pareillement divisée. En haut de l'échelle, on retrouve les philosophes-rois qui gouvernent ; au-dessous d'eux sont les guerriers, suivis enfin des marchands et ouvriers que Platon regroupe dans une même catégorie.

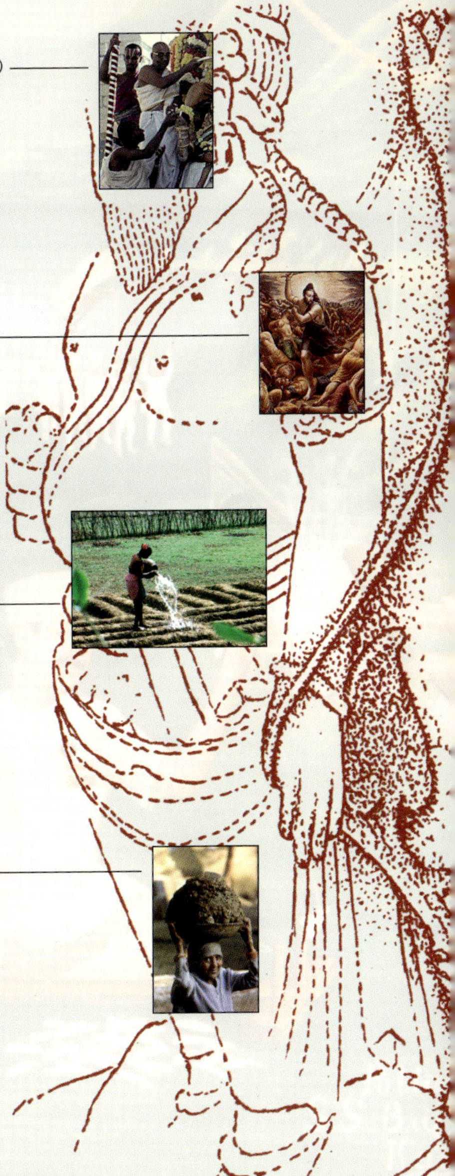

BRAHMANES
(prêtres, enseignants, conseillers)

KSHATRIYAS
(hommes d'État, soldats)

VAISHYAS
(agriculteurs, commerçants)

SHUDRAS
(artisans, ouvriers)

Le Yoga

Lorsque les Occidentaux pensent à l'Inde traditionnelle, le yoga leur vient aussitôt à l'esprit. Du fait que le yoga est divisé en huit phases (voir le tableau suivant), on l'appelle ashtanga-yoga, « l'octuple sentier » ; mais il est surtout connu sous le nom de hatha-yoga, pour les postures et les exercices de respiration. Le mot *yoga* vient de la racine sanskrite *yuj*, qui signifie « se relier, s'unir à ». Il est donc semblable à *religio*, la racine latine du mot « religion » qui signifie « unir ». La religion et le yoga ont donc la même finalité : relier ou unir à Dieu.

Dans l'Inde médiévale, le yoga fut systématisé par Patanjali dans son *Yoga-sutra*, un ouvrage qui explique la méthode grâce à laquelle on peut apprendre à maîtriser le corps et le mental, dans le but ultime de les utiliser, une fois affinés, au service du Seigneur. Dans le yoga, le corps est vu comme le temple de l'âme. Par diverses postures (*asanas*) et la maîtrise de la respiration (*pranayama*), le yoga favorise la santé physique et le bien-être mental qui aident à fortifier ce « temple ». En Occident, l'aspect santé est devenu une fin en soi ; mais dans le cadre du yoga traditionnel, il ne s'agit là que du premier pas vers la réalisation spirituelle.

De même qu'en Occident on tend à négliger l'assise profondément spirituelle du yoga, les yogis de l'Inde peuvent être détournés du but ultime du yoga par la recherche des perfections ou pouvoirs mystiques, les *siddhis*, décrits dans le chapitre 3 du *Yoga-sutra* de Patanjali. Au nombre de huit, ces perfections incluent le pouvoir de se faire infiniment petit (*anima-siddhi*), de se déplacer dans les airs ou sur l'eau (*laghima-siddhi*), ou de prendre des objets situés à d'immenses distances (*prapti-siddhi*).

Tous ces *yogas-siddhis* demeurent en fin de compte des arts matériels, autant accessibles par la science matérialiste que par le yoga. À titre d'exemple, le *laghima-siddhi* – qui

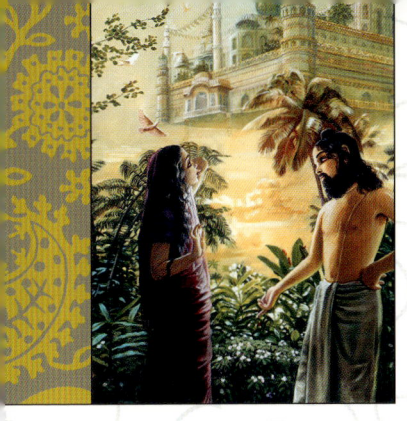

permet de flotter dans les airs ou sur l'eau – est désormais rendu possible par l'avion ou le bateau. Le *vashita-siddhi*, qui permet d'exercer sa domination sur autrui, peut être obtenu grâce à l'hypnose.

À l'opposé de ces perfections yogiques, le but du *bhakti-yoga* est d'améliorer notre relation avec le Suprême, un exploit sans équivalent sur le plan matériel. Dans le chapitre six de la *Bhagavad-gita*, Krishna dit à Arjuna de ne pas s'inquiéter car il est d'ores et déjà un yogi accompli. Il informe Arjuna que d'entre tous les yogis – *hatha-yogis*, *jñana-yogis*, *dhyana-yogis* ou *karma-yogis* – aucun ne surpasse le *bhakti-yogi* : «De tous les yogis, celui qui, avec une foi totale, demeure toujours en Moi et médite sur Moi en Me servant avec amour, celui-là est le plus grand et M'est le plus intimement lié.» (B.g., 6.47)

Le système du YOGA
Les 8 phases de l'ashtanga-yoga

Préparation indirecte

1. *yama* (la pratique des préceptes)
   - *ahimsa* (la non-violence)
   - *satya* (la véracité)
   - *ashteya* (l'honnêteté)
   - *brahmacharya* (la chasteté)
   - *apavigraha* (l'absence de cupidité)

2. *niyama* (la pratique des vertus)
   - *saucha* (la pureté)
   - *santosha* (la sérénité)
   - *tapas* (la discipline)
   - *svadhyaya* (l'étude, surtout des textes sacrés)
   - *ishvara pranidhana* (l'abandon à Dieu)

3. *asana* (les postures)
4. *pranayama* (la maîtrise de la respiration)
5. *pratyahara* (le désengagement des sens)

Préparation directe

6. *dharana* (la concentration)
7. *dhyana* (la méditation)
8. *samadhi* (l'extase)

Pratique avancée

L'exercice de pouvoirs extraordinaires et la pratique de formes avancées de méditation qui mènent au *kaivalya* (l'absorption et la liberté totales).

PRATIQUES ET ENSEIGNEMENTS

« Et quand, purifié de toute contamination, le yogi s'efforce sincèrement de progresser sur la voie de la réalisation spirituelle et atteint la perfection après de nombreuses vies de pratique, il accède finalement au but suprême ».

– Shri Krishna
Bhagavad-gita 6.45

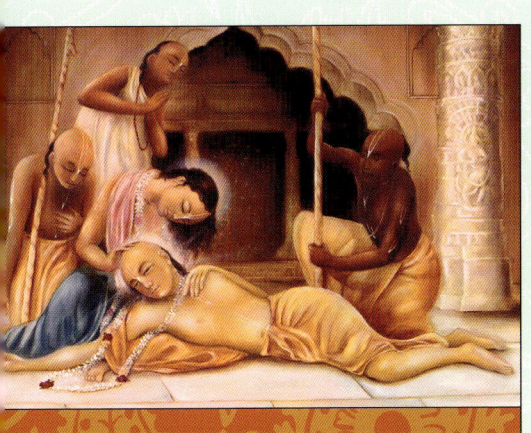

LA MÉDITATION

« Les résultats obtenus dans l'âge de Satya par la méditation sur Vishnou, dans l'âge de Treta par des **sacrifices élaborés**, et dans l'âge de Dwapara par l'adoration de divinités dans le temple sont tous accessibles dans l'âge de Kali par **le chant** du saint nom de Krishna. ».

– *Shrimad Bhagavatam* 12.3.52

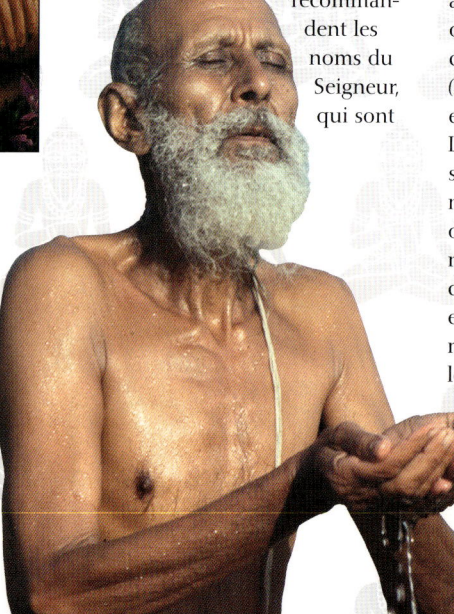

La méditation fait naturellement partie intégrante du yoga. Les yogas traditionnels font autant appel à des techniques de méditation complexes qu'aux postures assises, toutes deux étant utiles pour développer un corps et un esprit sains. Afin de faire taire le mental et de concentrer son attention, l'aspirant spiritualiste médite sur des mantras qui peuvent être d'une grande diversité, allant d'une simple syllabe sanskrite aux différents noms de Dieu. Les Écrits *vaishnavas* recommandent les noms du Seigneur, qui sont particulièrement efficaces en cet âge. L'école *vaishnava* de la méditation préconise trois pratiques : le *japa*, le *kirtan* et le *sankirtan*. Dans le *japa*, le méditant récite à voix basse le nom de Dieu sur un chapelet (*japa-mala*) de 108 grains. Le *kirtan*, par contre, est une « méditation collective » où l'on chante à voix haute le nom du Seigneur, souvent accompagné d'instruments de musique et de danse. Lorsqu'il est pratiqué en congrégation et en public, on l'appelle *sankirtan*.

Dans la technique de méditation appelée *lila-smaranam* (souvenir des divertissements), l'aspirant se concentre surtout sur les noms (*nama*), formes (*rupa*), attributs (*guna*) et divertissements (*lila*) de Krishna. Le pratiquant commence à méditer sur Krishna en chantant Son saint nom de façon réglée, sous la tutelle d'un maître spirituel. Le débutant ne peut généralement guère se concentrer, mais l'étude des Écritures et la sincérité de sa quête peuvent, même à ce stade néophyte, conférer le souvenir (*smaranam*) de Krishna.

Grâce au désir d'approfondir sa méditation, la faculté de concentration (*dharana*) se développe. La familiarité accrue avec la *krishna-lila* conduit au prochain niveau, où le pratiquant apprend à méditer de façon plus directe (*dhyana*), développant graduellement la faculté de visualiser les divertissements du Seigneur. Une fois accompli dans cet art, il apprend à méditer sans interférence (*dhruva-nusmriti*) et peut alors, à longueur de journée, se concentrer sur l'objet de sa méditation sans distraction substantielle. Le dernier stade entraîne l'absorption totale (*samadhi*), où l'on se retrouve face à face avec Dieu au sein d'une tout autre réalité.

Le yogi méditant élève sa conscience d'un chakra — ou centre d'énergie du corps — à l'autre, en commençant par le muladhara (racine) chakra, et va en progression ascendante à travers les chakras de la terre, de l'eau, du feu, de l'air, du son, de la lumière et de la pensée (tels qu'ils sont représentés sur le corps du yogi ci-contre). En élevant l'énergie vitale jusqu'au chakra le plus haut, on atteint la perfection. Mais le dévot de Vishnou, à travers le chant du saint nom, ouvre ces mêmes chakras de façon beaucoup plus directe, permettant sans délai le retour de l'âme auprès de Dieu.

Mandalas & Yantras

Les mandalas sont des diagrammes visuels qui, lorsqu'on en fait l'objet de sa méditation, donnent la clé de mystères ésotériques. Ils peuvent être façonnés en bois ou en bronze sous forme de sculpture, peints sur papier ou sur tissu, ou encore dessinés sur le sol à l'aide de poudres ou de fils colorés. Le mot sanskrit *mandala* se traduit par «cercle» et de fait, les mandalas sont généralement circulaires, représentant l'«espace sacré» ou un «microcosme de la réalité». Au centre du mandala se trouve un point, ou *bindu*, qui représente le centre de l'univers. Le but de celui qui médite sur le mandala consiste à se déplacer vers le centre, atteignant ainsi l'illumination. Les mandalas sont souvent formés de dédales de triangles et de carrés, ce qui rend difficile le trajet vers le centre.

Le psychologue Carl Jung (1875-1961) a beaucoup écrit sur les mandalas. Il s'y intéressait depuis que bon nombre de ses patients, sans raison apparente, faisaient des rêves saisissants de formes géométriques qui les amenaient à réaliser des dessins semblables à des mandalas. Après plusieurs voyages en Inde, Jung conclut que les mandalas existent dans l'«inconscient collectif» de l'humanité. Il considéra dès lors les textes védiques antiques, où ces compositions virent le jour, comme des sujets d'étude importants requérant des recherches plus poussées.

Les mandalas sont fréquemment utilisés par les yogis et les impersonnalistes, contrairement aux *vaishnavas*. Ceux qui atteignent la perfection par cette forme de méditation cherchent à intérioriser le cosmos sur lequel ils se concentrent et à fusionner avec lui. Cependant, il existe aussi des mandalas *vaishnavas*, dont les formes représentent Krishna et Son entourage intime. Le but de cette méditation est d'accéder à la *lila* de Krishna dans le monde spirituel. Citons à titre d'exemple les représentations de Braj-mandala, la région sacrée de Vrindavan où Krishna Se livre à Ses divertissements spirituels infinis, et de Rasa-mandala, le site où Il S'adonne à la danse *rasa* avec les *gopis*.

Lorsque le mandala est l'expression visuelle d'un mantra – un son sacré que l'on peut voir –, on l'appelle alors un *yantra*. Les *yantras* sont généralement utilisés dans le

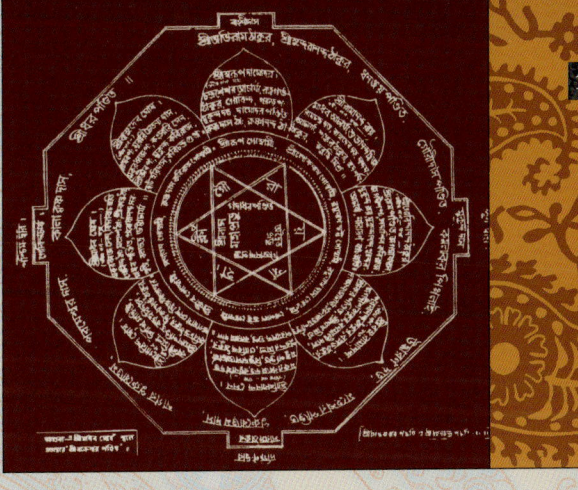

tantrisme, procédé grâce auquel on obtient la libération et la félicité à travers l'adoration de la Déesse. Les diagrammes sont formés de motifs géométriques extrêmement complexes de triangles, de carrés et de cercles qui se chevauchent. Des mantras monosyllabiques sont inscrits dans diverses parties du *yantra*, composant ainsi le « corps de mots » de la Déesse. Le point, ou bindu, du centre représente l'essence même de la divinité. Il existe des *yantras vaishnavas* spécifiques à l'aide desquels on médite sur Lakshmi, l'épouse de Vishnou, la déesse suprême de l'univers. Un autre *yantra* symbolise Radha et Krishna au centre d'un lotus ; les *gopis*, qui sont Leurs dévotes les plus intimes, Les entourent dans le cercle de pétales le plus au centre.

La méditation où le *yantra* sert de support a pour but de permettre aux pratiquants de comprendre la Divinité relativement à eux-mêmes et d'en venir à L'apprécier comme le centre de toutes choses.

Le mandala ci-dessus représente la Navadwip spirituelle, séjour de Shri Chaitanya.

Le mandala ci-contre représente Shri Rama.

IDOLES ET DIVINITÉS
LA DIFFÉRENCE

Comme la plupart des traditions religieuses, le vaishnavisme considère que Dieu possède et un aspect immanent, et un aspect *transcendantal*. Le Seigneur est à la fois présent dans Sa demeure spirituelle (transcendance) et dans le cœur de tous les êtres vivants (immanence). Un autre aspect de l'immanence de Dieu, propre au vaishnavisme, est la forme de la Divinité (Murti). Dieu Se *manifeste* non seulement à travers Ses *avatars*, mais aussi dans des représentations sculptées. Le vaishnavisme voit donc la Murti comme une «incarnation iconique» du Seigneur.

À l'époque coloniale, les Anglais imprégnés de judéo-christianisme trouvaient insolite, voire odieuse, l'adoration des Murtis en Inde. Tant et si bien qu'ils qualifiaient le Seigneur Jagannath de «Moloch indien», car ils voyaient en Lui une «statue» ou «idole» que la Bible jugeait de toute évidence taboue.

Mais les Védas établissent une distinction marquée entre idole et Murti. Diana Eck, érudite de l'Université d'Harvard, écrit dans son livre *Darshan : Seeing the Divine Image in India* : «De même que le terme icône traduit l'idée de "ressemblance", les mots sanskrits *pratikriti* et *pratima* évoquent la "ressemblance" de l'image à la divinité qu'elle représente. Le mot usuel pour de telles images est Murti, défini en sanskrit comme "toute chose ayant une forme et des limites définies", "une forme, un corps, une figure", "une incarnation, une manifestation". Ainsi, la Murti est plus qu'une ressemblance, c'est la divinité elle-même qui a pris une "forme"... L'emploi du mot Murti dans les Upanisads et la *Bhagavad-gita* suggère que la forme est son essence. La flamme est la *murti* du feu...»

Les textes sanskrits appelés *Shilpa-shastras* donnent des directives très précises sur le façonnement des murtis. Y sont spécifiées entre autres les postures des Divinités, les gestes de leurs mains, les

Divinités de Krishna et de Son émanation immédiate, Balaram.

L'Inde vénère la vache (voir plus bas) mais ne l'adore pas comme Dieu. La tradition biblique qualifie « le veau d'or » d'emblème de l'idolâtrie et désapprouve un tel culte. La tradition vaishnava abonde dans ce sens. Mais l'adoration de la Divinité, c.-à-d. de Krishna et de Ses avatars directs, fait partie intégrante du vaishnavisme.

proportions de leur corps, etc., afin que l'« image » ne soit pas simplement le fruit de l'imagination de l'artiste. Informés des spécifications scripturaires pour les formes divines, les *shilpins* (comme sont appelés les artistes qui les sculptent) s'abîment dans de profondes méditations yogiques et façonnent ainsi des formes non au gré de leur fantaisie, mais en accord avec le canon des Écritures. Une fois la sculpture terminée, une cérémonie très élaborée est célébrée, au cours de laquelle le Seigneur est invité à « habiter la Murti de Sa présence divine ». C'est seulement alors que la Divinité est prête à être adorée et est intronisée dans le temple. Les adorateurs peuvent dès lors venir La voir et être vus d'Elle (*darshan*).

Les shilpins sculptent et peignent la forme divine de Jagannath, Krishna tel qu'Il apparaît dans le temple de Puri.

L'adoration de la Divinité

L'incarnation iconique du Seigneur représente la « descente » sur terre du Divin qui S'en remet aux bons soins des humains. La Murti est une invitée divine et doit être traitée en conséquence. Voilà pourquoi on Lui offre encens, fleurs, lampes, hymnes et nourriture : autant d'articles agréables non seulement aux sens du dévot, mais aussi à ceux de la Divinité.

Qui plus est, cette interaction établit un échange d'amour entre le dévot et le Seigneur. Diana Eck écrit : « L'adoration [vaishnava] n'est certes pas un retrait yogique des sens… il s'agit plutôt d'éveiller les sens et de les orienter vers le divin. En pénétrant dans un temple, l'adorateur fait retentir une cloche. L'énergie des sens est employée à la compréhension de Dieu. Ce n'est donc pas seulement la vue qui est affinée par le darshan ; les autres sens se focalisent également avec plus d'acuité sur Dieu. »

Elle ajoute : « L'image [sculptée], qui peut être vue, baignée, parée, touchée et honorée, ne s'interpose pas entre le dévot et Dieu, recevant en quelque sorte un honneur qui n'est dû en réalité qu'au Seigneur Suprême. Au contraire, parce qu'il s'agit d'une forme du Suprême, c'est elle qui facilite et améliore la relation intime qui unit l'adorateur à Dieu, rendant possibles les plus profonds épanchements dans l'adoration. »

On peut même dire que le fait que Dieu soit prêt à S'incarner dans la forme de la Murti constitue l'expression ultime de Son amour pour l'humanité. C'est ce qu'exprime admirablement Pillai Lokacharya,

un grand maître dans la tradition de Ramanuja : « *Voici la grâce suprême du Seigneur, qui de libre devient lié, qui bien qu'indépendant devient dépendant, en tout, du service de Son dévot… Dans d'autres formes, l'humain appartenait à Dieu. Mais voyez le sacrifice suprême d'Ishwara [Krishna] sous la forme de la Murti, car ici le Tout-Puissant devient la propriété du dévot… qui porte le Seigneur, L'évente, Le nourrit, joue avec Lui. Oui, l'Infini est devenu fini afin que l'âme enfant puisse Le saisir, Le comprendre et L'aimer.* »

019# Les Langues

À cause de sa diversité culturelle, l'Inde est un réservoir de langues et de dialectes. La Constitution de l'Inde reconnaît aujourd'hui 18 langues indo-aryennes majeures, et le dernier recensement linguistique reconnaît l'existence de 1600 langues et dialectes mineurs. D'entre toutes les langues de l'Inde, l'hindi, le bengali, le tamoul, l'oriya, le kannada et le sanskrit sont particulièrement importantes aux yeux des vaisnavas.

Les langues de l'Inde se divisent en deux groupes principaux : les langues indo-aryennes (dont l'hindi) dans le Nord et les langues dravidiennes (dont le tamoul, le telugu et le kannada) dans le Sud. Le sanskrit, la plus ancienne des langues indo-aryennes, est tenue pour la base de plusieurs langues indo-européennes comme le grec et le latin, le roman, les langues germaniques et balto-slaves, ainsi que plusieurs langues de l'Iran et du Moyen-Orient.

On considère que le sanskrit est la langue ancienne des sages et des voyants. Selon Thomas J. Hopkins, professeur de religion au Franklin and Marshall College de Pennsylvanie : « Les mots sanskrits n'étaient pas que des étiquettes arbitraires attribuées à des phénomènes ; ils étaient les formes sonores d'objets, d'actions et d'attributs, liés à la réalité correspondante tout comme les formes visuelles, à la différence qu'ils sont perçus par l'oreille au lieu de l'œil. » Aussi le sanskrit est-il appelé devanagari (*deva* : dieu, *nagari* : cité) – le langage des sphères spirituelles.

Le sanskrit (littéralement « recherché », « raffiné », « parfait ») est largement considéré comme l'une des plus vieilles langues au monde. On sait qu'il a connu de nombreux stades de développement. Dans sa forme la plus ancienne, c'est la langue des hymnes védiques, particulièrement ceux du *Rig Veda*. Le sanskrit classique, qui vint ensuite, fut codifié par le grammairien Panini vers l'an 500 av. J.-C., et la plupart des *Puranas* et des épopées se conforment aux règles de Panini.

	DEVANAGARI	BENGALI	ORIYA		DEVANAGARI	BENGALI	ORIYA
a	अ	অ	ଅ	ja	ज	জ	ଜ
â	आ	আ	ଆ	jha	झ	ঝ	ଝ
kâ	का	কা	କା	ña	ञ	ঞ	ଞ
i	इ	ই	ଇ	ṭa	ट	ট	ଟ
ki	कि	কি	କି	ṭha	ठ	ঠ	ଠ
ī	ई	ঈ	ଈ	ḍa	ड	ড	ଡ
kī	की	কী	କୀ	ḍha	ढ	ঢ	ଢ
u	उ	উ	ଉ	ṇa	ण	ণ	ଣ
ku	कु	কু	କୁ	ta	त	ত	ତ
û	ऊ	ঊ	ଊ	tha	थ	থ	ଥ
kû	कू	কূ	କୂ	da	द	দ	ଦ
ṛ	ऋ	ঋ	ଋ	dha	ध	ধ	ଧ
kṛ	कृ	কৃ	କୃ	na	न	ন	ନ
ê	ए	এ	ଏ	pa	प	প	ପ
kê	के	কে	କେ	pha	फ	ফ	ଫ
ai	ऐ	ঐ	ଐ	ba	ब	ব	ବ
kai	कै	কৈ	କୈ	bha	भ	ভ	ଭ
ô	ओ	ও	ଓ	ma	म	ম	ମ
kô	को	কো	କୋ	ya	य	য়	ଯ
au	औ	ঔ	ଔ	ra	र	র	ର
kau	कौ	কৌ	କୌ	la	ल	ল	ଲ
ka	क	ক	କ	va	व	ব	ଵ
kha	ख	খ	ଖ	ça	श	শ	ଶ
ga	ग	গ	ଗ	ṣa	ष	ষ	ଷ
gha	घ	ঘ	ଘ	sa	स	স	ସ
ṅa	ङ	ঙ	ଙ	ha	ह	হ	ହ
ca	च	চ	ଚ	ṛa	ड़	ড়	ଡ଼
cha	छ	ছ	ଛ				

Les trois écritures sud-asiatiques — le devanagari, le bengali et l'oriya — sont les plus employées dans les écrits des gaudiyas vaishnavas. L'hindi utilise l'alphabet devanagari.

Alors même que cette langue se développait en vernaculaires régionaux, les formes plus anciennes de sanskrit demeuraient la langue des classes érudites et sacerdotales. Toutefois, la majorité des textes sacrés de l'Inde furent avec le temps traduits en langues régionales, ce qui permit de toucher un plus grand public. À titre d'exemple, la re-création hindi du *Ramayana* sanskrit – intitulé *Ramcharitmanas* – qui est aujourd'hui connu et grandement apprécié dans la majeure partie de l'Inde. On peut d'ailleurs en dire autant des *Puranas*, épopées et plusieurs textes traduits et rédigés en gujarati, bengali, hindi, et autres langues.

L'Habillement

En Inde comme partout ailleurs, les vêtements constituent d'importants indices de classification sociale. Les gens révèlent leur identité et leurs croyances en portant des vêtements particuliers, avec diverses nuances régionales de style. Généralement, l'habillement traditionnel de l'homme et de la femme consiste en différentes étoffes dont ils se drapent avec élégance. Au lieu d'un pantalon (qui, avec la modernité, devient plus courant), les hommes portent les traditionnels dhoti (un pagne drapé de façon lâche autour des hanches) et kurta (chemise longue et ample). La façon dont le dhoti est porté, sa longueur, sa couleur, révèlent si l'homme est un *sannyasi* (renonçant), un *brahmachari* (étudiant célibataire) ou un *grihastha* (chef de famille).

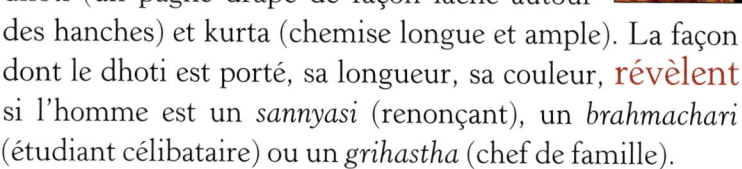

Le sari, longue étoffe drapée, demeure le vêtement le plus populaire chez la femme. Son drapé varie selon les régions.

La couleur du vêtement révèle le statut de la personne qui le porte. Les *sannyasis* et *brahmacharis* portent le safran (qui représente le célibat), tandis que les chefs de famille (hommes mariés) portent le blanc. Le blanc est aussi porté par les veuves, par contraste avec les couleurs vives et les motifs variés des saris des femmes mariées.

Les *vaishnavas* portent aussi différents colliers autour du cou, non seulement à des fins décoratives mais pour indiquer leur appartenance religieuse. À titre d'exemple, un collier à trois rangs de perles en bois de *tulasi* indique qu'une personne a un maître spirituel (guru). En plus de ces éléments vestimentaires, la coiffure et les marques appliquées sur le corps servent aussi à indiquer l'appartenance religieuse. Les moines *vaishnavas* se rasent généralement la tête, ne gardant qu'une mèche de cheveux à l'arrière. Ce qui les distingue des bouddhistes et des adeptes de Shankara, dont le crâne est entièrement rasé.

Selon la façon dont elle se fait une raie dans les cheveux, une femme sera considérée comme respectable ou comme une prostituée. La marque apposée sur le front est un autre élément essentiel à l'identification dans la culture *vaishnava*. Les femmes mariées portent un *bindi*, un point rouge au centre du front. Aujourd'hui, beaucoup de jeunes filles et de femmes célibataires portent des *bindis* de différentes

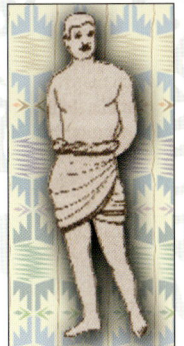
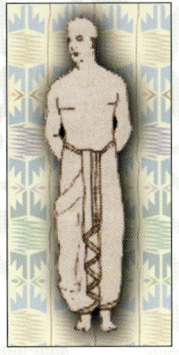

Divers styles de tilak (en haut) et d'habillement traditionnel (à droite).

couleurs, mais ceux-ci n'ont plus aucune signification sociale ou religieuse.

Les marques appelées *tilak*, ou *tika*, sont faites avec de l'argile sacrée ou du *chandan* (pâte de bois de santal) selon différents styles qui distinguent les adeptes d'une *sampradaya* (lignée spirituelle) de ceux d'une autre. Les adorateurs de Shiva tracent sur leur front trois lignes horizontales (*tripundra*), tandis que les *vaishnavas* tracent deux lignes verticales (*urdhvapundra*) souvent terminées par une pointe en forme de feuille (voir ci-contre).

Selon le *Skanda Purana*, les lignes verticales en forme de «U» de l'*urdhvapundra* représentent l'empreinte du pied de Krishna et la petite pointe triangulaire est une feuille de *tulasi*, qu'on trouve toujours aux pieds de Krishna. De plus, le *Padma Purana* dit qu'il ne faut jamais remplir l'espace au centre du «U», car c'est le séjour de Vishnou (les lignes tracées de chaque côté représentent Brahma et Shiva). Puisque le centre du *tilak* est le séjour de Vishnou, certaines *sampradayas* y placent un petit *bindu* (point rouge) représentant la Déesse, Shri.

Quoique le *tilak* sur le front soit le plus visible, les *vaishnavas* appliquent ces marques sur treize centres d'énergie du corps, tout en récitant différents noms du Seigneur. Cette méditation est conçue pour nous aider à prendre conscience que le corps est un temple de Vishnou et qu'il doit être utilisé comme tel.

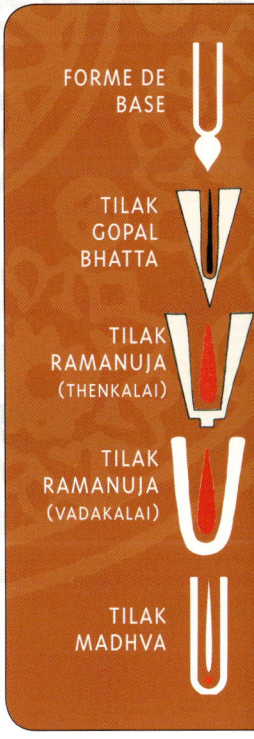

FORME DE BASE

TILAK GOPAL BHATTA

TILAK RAMANUJA (THENKALAI)

TILAK RAMANUJA (VADAKALAI)

TILAK MADHVA

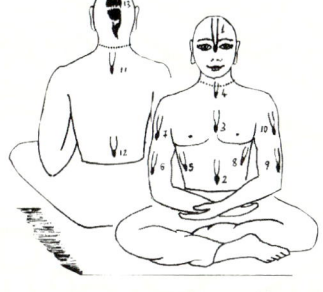

MANTRAS POUR APPOSER LE TILAK

Ces noms de Dieu sont récités lorsqu'on applique le tilak aux différentes parties du corps :

1 Om keshavaya namah
2 Om narayanaya namah
3 Om madhavaya namah
4 Om govindaya namah
5 Om vishnave namah
6 Om madhusudanaya namah
7 Om trivikramaya namah
8 Om vamanaya namah
9 Om sridharaya namah
10 Om hrishikeshaya namah
11 Om padmanabhaya namah
12 Om damodaraya namah
13 Om vasudevaya namah

La vache sacrée

De toutes les créatures, la vache occupe une place privilégiée dans la tradition religieuse de l'Inde : « Je m'adresse à ceux qui ont une conscience : ne faites pas de mal à la vache, car cela se répercuterait sur la terre et sur l'humanité entière. » – *Rig Veda* 8.101.15

Malgré la vénération que reçoit la vache, aucun temple hindou ne voue un culte solennel à une « vache-déesse ». On la respecte pour elle-même comme l'une des sept mères de l'humanité puisqu'elle nous offre son lait comme le ferait notre mère naturelle. Gandhi lui-même témoignait le plus grand respect à la vache : « Pour moi, la vache incarne la totalité du monde infrahumain. Elle permet au croyant de comprendre qu'il fait un avec tout ce qui vit… La protéger, c'est protéger tous les êtres de la création de Dieu. »

Les cinq produits que procure la vache (*pañcha-gavya*) – le lait, le caillé, le ghi (beurre clarifié), l'urine et la bouse – sont tous considérés comme purificateurs. La vache joue un rôle central dans l'économie de

l'Inde. À titre d'exemple, la bouse de vache sert de fertilisant bon marché. Parfois stockée dans des réservoirs souterrains, elle produit du méthane utilisé pour la cuisine et le chauffage. C'est aussi un excellent désinfectant qui s'emploie comme cataplasme et produit d'entretien.

Traditionnellement, la vache est considérée très chère à Krishna, qui pour cette raison porte aussi les noms de Gopal et Govinda traduisant Son affection pour les vaches. Le nom même de la terre sainte (Braj : pâturage) et du séjour spirituel de Krishna (Goloka : le monde des vaches) révèlent le lien intime qui L'unit aux bovins. L'amour de Krishna pour la vache est célébré dans tous les textes de la littérature védique. Faut-il s'étonner alors si les Védas insistent tant sur l'*ahimsa*, ou la non-violence envers tous les êtres vivants, et encore plus sur la protection de la vache.

Le *Nighantu*, ouvrage de référence védique, cite neuf noms sanskrits de la vache dont trois en interdisent spécifiquement l'abattage : *aghnya* (qui ne doit pas être tuée), *ahi* (qu'on ne doit pas tuer) et *aditi* (qui ne doit pas être coupée). Les synonymes du mot « vache » sont ainsi résumés dans l'épopée du *Mahabharata* : « Le nom même de la vache, *aghnya*, indique qu'on ne doit jamais l'abattre. Qui voudrait alors la tuer ? Celui qui tue une vache ou un bœuf commet certes le crime le plus odieux. » (*Shanti-parva* 262.47)

Le Végétarisme

Même une lecture superficielle des Écrits religieux traditionnels de l'Inde révèle que le végétarisme a toujours été **très répandu** dans ce pays. On lit dans la *Manu-smriti* (5.49), guide védique du **comportement humain** : « Après avoir mûrement considéré l'origine des aliments carnés et la cruauté de la captivité et de la mise à mort d'êtres incarnés, que l'humain s'abstienne de toute consommation de chair. » Le même ouvrage ajoute que le fait de manger de la viande « requiert qu'on tue, et mène par conséquent à l'asservissement karmique *(bandha)*. »

Dans le *Mahabharata*, le grand guerrier Bhishma explique à Yudhisthir, l'aîné des princes Pandavas, que la chair des animaux étant comme celle de notre propre enfant, manger de la viande ne peut qu'être répugnant. Le *Mahabharata* insiste sur ce point. Les brahmanes de l'Inde antique érigeaient la propreté en principe divin. Mais le *Mahabharata* nous prévient que la consommation de nourriture immonde n'est cependant pas aussi abominable que de se nourrir de chair.

Le *Mahabharata* ajoute : « Manger de la viande relève des plus sombres modes d'existence, engendrant ignorance et maladie. » On y explique qu'une alimentation végétarienne saine est *sattvique*, c.-à-d. qu'elle appartient à la vertu, et peut accroître la pureté de la conscience et la longévité.

Les Écritures védiques ne limitent pas leur exposé sur l'alimentation au rejet de la cruauté et de la tuerie et aux vertus du végétarisme. Selon ces mêmes textes, on doit offrir toute sa nourriture en sacrifice à Dieu : « Quoi que tu fasses, que tu manges, sacrifices ou prodigues, quelque austérité que tu pratiques, que ce soit pour M'en faire l'offrande », nous dit Krishna. (*Bhagavad-gita* 9.27) Évitons

d'en conclure cependant que n'importe quel aliment peut Lui être offert. La *Gita* (9.26) précise en effet : « Que l'on M'offre avec amour et dévotion une feuille, une fleur, un fruit ou un peu d'eau, et cette offrande, Je l'accepterai. » D'autres passages de la littérature védique confirment que fruits, légumes, céréales, noix et produits laitiers peuvent être consommés par l'être humain. Ceux qui vivent l'enseignement de la *Gita* ne mangent ni viande, ni poisson, volaille ou œuf, puisqu'ils ne sont pas sanctionnés par les Écritures ou les sages védiques.

La *Bhagavad-gita* (3.13) ajoute qu'en offrant sa nourriture à Dieu avec amour selon les directives scripturaires, on s'affranchit de toute faute comme de toute renaissance en l'univers matériel qui pourrait s'ensuivre : « Les dévots du Seigneur sont affranchis de toute faute parce qu'ils ne mangent que des aliments d'abord offerts en sacrifice. Mais ceux qui préparent des mets pour leur seul plaisir ne se nourrissent que de péché. » Les reliefs de telles offrandes dévotionnelles sont appelés *prasad* (littéralement « la grâce du Seigneur »).

La plupart des temples en Inde distribuent généreusement de la nourriture végétarienne sanctifiée (*prasad*) pour le bien des multitudes qui s'y rendent chaque jour. Narada Muni, un des plus célèbres sages védiques, fut inspiré à entreprendre une quête spirituelle par le seul fait d'avoir goûté des mets offerts au Seigneur.

D'entre les mouvements contemporains fondés sur la religion et la philosophie védiques, ISKCON (Fédération Internationale pour la Conscience de Krishna), est reconnu comme un grand défenseur du végétarisme, et plus particulièrement pour sa distribution de *prasad*. Aussi, les nombreux temples et restaurants d'ISKCON ne servent que de la nourriture végétarienne sanctifiée, le *prasad*, aux invités.

REGARDS SUR LE VÉGÉTARISME

« À mon avis, par son action purement physique sur la nature humaine, le végétarisme influerait de façon très bénéfique sur la destinée de l'humanité. »
– Albert Einstein

« Tant que les humains massacreront les animaux, ils continueront de s'entretuer. En effet, qui sème souffrance et mort ne peut récolter ni joie ni amour. »
– Pythagore

« L'homme qui veut tuer un tigre dira que c'est un sport, mais que ce soit le tigre qui essaie de le tuer et il dénoncera sa férocité. »
– George Bernard Shaw

« On qualifie de charogne le cadavre d'une vache ou d'une brebis morte au pré. Une fois une carcasse apprêtée par le boucher, on prétend que c'est désormais de la nourriture ! »
– J. H. Kellogg

« Le fait de manger de la viande détruit les semences de la compassion. »
– *Mahaparinirvana Sutra*
(Texte sacré bouddhiste)

« Et dans son corps, la chair des animaux tués deviendra sa propre tombe. Car en vérité je vous le dis, celui qui tue se donne la mort et quiconque mange la chair d'animaux mis à mort se nourrit du corps même de la mort. »
– *L'Évangile essénien de la Paix*

« Toute irrévérence envers la vie, tout acte qui néglige la vie, qui est indifférent à la vie et qui la dilapide est un pas vers l'amour de la mort. C'est un choix que l'humain doit faire à chaque instant. Les conséquences du mauvais choix n'ont jamais été aussi draconiennes et irréversibles qu'aujourd'hui. Jamais l'avertissement de la Bible n'a-t-il été aussi urgent : "J'ai mis devant toi la vie et la mort, la bénédiction et la malédiction. Choisis la vie, afin que tu vives, toi et ta descendance." (*Deutéronome* 30:19) »
– Erich Fromm

« La grandeur et l'évolution morale d'une nation peuvent se mesurer à la façon dont elle traite les animaux. »
– Mahatma Gandhii

Les festivals

On appelle souvent l'Inde le pays où l'on célèbre «treize festivals religieux en l'espace de douze mois». Les festivals vaishnavas, aussi attrayants soient-ils pour les sens avec leurs chants et leurs danses, festins, décorations colorées, rituels élaborés et représentations théâtrales, voire même des éléphants parés de couleurs vives, demeurent cependant avant tout des manifestations spirituelles.

La vaste portée de la tradition *vaishnava* permet des festivals presque quotidiens. L'ampleur de telles célébrations peut aller du *mahotsava* (gigantesque festival) à une simple réunion familiale. La Kumbha Mela, le plus grand rassemblement de personnes saintes au monde, réunit des millions d'ascètes et de pèlerins, tandis que la cérémonie où l'on donne à son enfant sa première nourriture solide (*annaprashana*) ne requiert que la présence de la mère et du père.

Chaque festival apporte ses bienfaits à différents niveaux, édifiant les participants de nombreuses manières. On célèbre un festival pour se purifier, pour obtenir les bénédictions des sages, recevoir un enseignement religieux et bénéficier d'un joyeux répit dans le quotidien. Les jours de fête sont observés selon le calendrier *vaishnava*, établi en fonction des phases de la lune plutôt que de l'orbite du soleil. De sorte que selon notre calendrier grégorien, la date des festivals semble changer d'année en année. Voici une courte liste des principaux festivals.

Durant le mois de Magh (janvier-février) a lieu le Magh Mela – l'équivalent *vaishnava* en quelque sorte de

la Kumbha Mela, mais de moindre envergure.

Durant ce même mois, juste avant le début du mois de Phalguna (février-mars), l'Inde entière assiste au Maha Shivaratri, un de ses plus grands festivals. Même si ce n'est pas une fête *vaishnava* en soi, de nombreux *vaishnavas* honorent Shiva comme le plus grand dévot de Krishna ; aussi se réunissent-ils à cette occasion pour le glorifier.

Durant le mois de Phalguna (février-mars), deux festivals marquent le calendrier indien : Gaura Purnima (l'anniversaire de l'apparition de Shri Chaitanya Mahaprabhu) et Holi (qui célèbre l'arrivée du printemps). À l'occasion de Holi, les gens s'aspergent mutuellement de poudres colorées. Ce qui commémore une des nombreuses *lilas* de Krishna avec les *gopis*.

Le mois de Chaitra (mars-avril) célèbre l'avènement de Ramachandra en ce monde. Les célébrations sont l'occasion de nombreuses lectures et représentations dramatiques de la *lila* de Sita et de Rama.

Alors qu'avril cède la place au mois de mai, les *vaishnavas* se préparent pour l'apparition de Nrishimhadeva, le féroce *avatar* mi-homme mi-lion. Aussi durant le mois de Vaishakha (avril-mai), le célèbre Nrishimha Chaturdashi est-il accueilli avec des histoires et des pièces de théâtre retraçant la vie du saint enfant Prahlad et sa relation avec Nrishimha.

Le mois de Jyeshtha (mai-juin) amène la Bouddha Purnima, qui célèbre simultanément la naissance, l'illumination et l'entrée de Bouddha dans le *nirvana*. Voyant en Bouddha un *avatar* de Vishnou, les *vaishnavas* prennent aussi part à ce festival.

Ashadha (juin-juillet) est le mois du grand festival du Ratha-yatra à Puri, un défilé festif qui, grâce aux efforts de l'ISKCON (Fédération Internationale pour la Conscience de Krishna), se déroule désormais dans les grandes villes du monde entier.

Alors que la chaleur de l'été se poursuit, le mois de Shravana (juillet-août) apporte le Naga Panchami – une glorification de Balaram (le frère aîné de Krishna) dans Sa forme de Shesha, le gigantesque serpent qui soutient Vishnou de ses divins anneaux.

Bhadra (août-septembre) est le mois où l'on célèbre la Krishna Janmashtami (l'avènement de Shri Krishna) et la Radhashtami, l'avènement de Radha, Sa compagne. Un autre festival important célébré durant ce mois est le Ganesh Chaturthi, à la gloire du déva à la tête d'éléphant.

Ashvin (septembre-octobre) est l'époque du festival du Durga Puja et d'une longue suite de célébrations diverses se terminant sur la défaite de Ravana, l'infâme tyran du *Ramayana*. Ashvin nous enseigne que la vertu finit toujours par triompher ; aussi brûle-t-on Ravana en effigie à travers les rues de l'Inde.

Kartik (octobre-novembre) célèbre un mois durant un *mahotsava vaishnava* au cours duquel a lieu le festival des lumières, ou Diwali. C'est aussi le temps de célébrer le Govardhan Puja, festival qui démontre la suprématie de Krishna sur les autres dieux.

Voilà donc pour ce bref aperçu du festival sans fin qu'est le *dharma vaishnava*.

Les modes d'influence de la nature

Le concept des trois modes d'influence de la nature matérielle fait partie intégrante de la vision vaishnava du monde. Selon ce concept, l'existence matérielle est appréhendée en fonction de trois caractéristiques essentielles : sattva (bonté, vertu), rajas (effort, affairement, passion) et tamas (inertie, ignorance).

Le mot « mode d'influence » est une traduction assez libre du mot sanskrit *guna*, qui signifie littéralement « fil » ou « corde » (ce qui implique que la vertu, la passion et l'ignorance sont les cordes qui nous attachent au monde matériel). Ces qualités fondamentales sont à la base de tout ce que nous voyons, entendons, goûtons, touchons et sentons. Le monde entier, en fait, est formé des différentes permutations de ces attributs et, comme les couleurs primaires rouge, bleu et jaune, les *gunas* peuvent être combinés à l'infini, produisant ainsi des variations sans nombre.

Sattva est associé à des vertus et des qualités comme la sagesse, la joie et l'altruisme ; *rajas* est associé à l'ambition, l'avidité, la frustration et la colère ; *tamas* à l'oisiveté, la paresse et l'illusion. Dans l'institution du *varnashram*, par exemple, les *brahmanes* sont dits être sous l'égide de la vertu, les *kshatriyas* de la passion, les *vaishyas* de la passion et l'ignorance, et les *shudras* de l'ignorance.

Dans la tradition *vaishnava*, chaque mode d'influence est associé à une divinité dominante : Vishnou, le Dieu Suprême, qui maintient la manifestation cosmique, est le maître de la vertu ; Brahma, le déva créateur, règne sur la passion ; Shiva, le destructeur, préside à l'ignorance.

Dans la vie de chacun prédomine un mode d'influence particulier qui conditionne son comportement. Le fait de comprendre comment les modes nous conditionnent et la façon dont ils interagissent avec la conscience aide l'individu à trouver le bonheur et la stabilité. Il faut néanmoins aspirer à se détacher des trois modes, ce qui inclut même la vertu. Quoique la vertu incarne des qualités plus nobles, celles-ci n'en demeurent pas moins matérielles et peuvent représenter « la dernière infirmité d'un esprit noble qui pousse l'âme à se raccrocher à la sagesse et au bonheur plutôt qu'à la conscience de Dieu proprement dite », pour reprendre les mots de l'indianiste A.L. Basham.

La première analyse systématique des modes d'influence se trouve dans la *Bhagavad-gita*, qui lui consacre 100 de ses 700 versets. Selon la *Gita*, étant le créateur des *gunas*, Dieu Se trouve naturellement au-delà mais il n'en est pas ainsi de l'âme ordinaire. Le 14ᵉ chapitre de la *Gita* expose brièvement les caractéristiques générales des modes d'influence et souligne l'importance de les comprendre pour pouvoir les transcender. Le 17ᵉ chapitre analyse la façon dont opèrent les *gunas* dans les domaines de l'adoration, des sacrifices, de l'austérité, de l'alimentation et même de la charité. La *Bhagavad-gita*, souligne essentiellement les subtilités des trois modes d'influence et nous aide à comprendre les différentes configurations psychologiques qui en résultent.

LES TROIS MODES D'INFLUENCE DANS D'AUTRES TRADITIONS

D'autres traditions ont développé le concept des catégories tripartites correspondant à des configurations psychologiques. À titre d'exemple, Platon traite de l'âme rationnelle, de l'âme valeureuse et de l'âme prisonnière des appétits. Ce qui correspond à la personne intellectuelle et contemplative, la personne pugnace et hyperactive, et au prétentieux égocentrique respectivement. Platon reconnaît qu'on peut retrouver simultanément les trois configurations psychologiques chez une personne, mais inévitablement, comme pour les trois modes d'influence de la nature, un type de personnalité prédominera.

Certaines écoles de psychologie moderne reconnaissent trois types somatiques, ou types corporels : ectomorphisme (maigre), mésomorphisme (musclé) et endomorphisme (gros). Il est dit que ceux-ci correspondent à certaines dispositions : la cérébrotonie (axée sur le cerveau), la somatonie (orientée sur la musculature) et la viscérotonie (axée sur le cœur et l'estomac). Des érudits de la religion de l'Inde comme A. L. Herman, professeur de philosophie à l'Université de Wisconsin-Stevens Point, ont noté que même si cette taxinomie ne correspond pas directement aux trois modes d'influence de la nature matérielle, la similitude est assez grande pour justifier des recherches supplémentaires. Néanmoins, comme le reconnaît Herman, la *Bhagavad-gita* présente une des analyses psychologiques les plus pénétrantes concernant les individus et leurs réactions conditionnelles au monde matériel.

L'Ayurvéda

L'Ayurvéda, la science de la vie, est une science ancestrale de soins de santé naturels. **Antérieurs** à la médecine chinoise, les principes de base de l'Ayurvéda furent mis par écrit dans l'*Atharva Veda* il y a quelque 50 siècles. Cette science, qui explique avec force détails diverses techniques médicales **sophistiquées**, aurait été introduite en ce monde par **Dhanvantari**, un *avatar* de Vishnou.

Il y a 2500 ans, cette science fut systématisée par les sages Charaka et Sushruta, reconnus comme les pères fondateurs de la santé et de la guérison. Initiateur de la chirurgie ayurvédique, Sushruta réalisa des opérations chirurgicales aussi complexes et délicates que des césariennes, des opérations de la cataracte et des opérations neurochirurgicales.

Les traités détaillés de médecine de Charaka et Sushruta, la *Charaka-samhita* et la *Sushruta-samhita*, existent toujours et jouissent d'une grande considération du fait que les médecins védiques d'antan qui les ont écrits étaient des mystiques, des voyants (*rishis*) capables de comprendre les mécanismes intérieurs du corps humain grâce à la méditation. Ce savoir peut désormais être confirmé en comparant l'antique médecine védique aux découvertes médicales modernes (à titre d'exemple, les textes védiques décrivent en détail le développement progressif du fœtus de mois en mois).

L'Ayurvéda est un vaste recueil de connaissances allant de la pédiatrie, l'obstétrique, la médecine générale, la gynécologie et l'oto-rhino-laryngologie à l'anesthésiologie, la prothèse et la chirurgie plastique.

L'Ayurvéda explique la condition psychophysique humaine en fonction de trois *doshas*, « humeurs ou fluides corporels » : *vata* (air ou vent), *pitta* (feu ou bile) et *kapha* (terre ou flegme). La constitution globale d'une personne fait qu'une de ces trois humeurs prédomine. Les textes ayurvédiques nous disent que la maladie résulte d'un déséquilibre de ces trois humeurs vitales.

Selon l'Ayurvéda, la santé peut être rétablie grâce à un bon équilibre des trois *doshas*. Cet équilibre résulte de modifications hautement personnalisées apportées à notre

Les traitements ayurvédiques font appel aux herbes naturelles et à la médecine holistique.

alimentation, notre environnement et notre mode de pensée, mais aussi d'une vie quotidienne réglée et d'une bonne hygiène. La prescription d'un type de nourriture et d'herbes médicinales est au cœur de la science ayurvédique et doit être déterminée en fonction de la constitution physique de chacun.

Malheureusement, en raison de dominations étrangères successives et de conflits internes en Inde, l'Ayurvéda sombra dans l'oubli avec le temps. De nos jours cette science est à nouveau de plus en plus reconnue par les écoles de pensée holistique et allopathique. Des centaines d'universités en Inde lui consacrent maintenant un département d'étude, et il existe même en Amérique une école de chirurgiens appelée Sushruta Society. L'Ayurvéda suscite désormais un grand intérêt à travers le monde.

Ci-dessus : Vishnou, sous la forme de Mohini-murti, distribue le nectar qui affranchit de l'invalidité, de la vieillesse et de la mort. À droite : Dhanvantari, avatar de Vishnou et fondateur de l'Ayurvéda.

L'Astrologie védique

L'astrologie est en Inde une **science reconnue** depuis les temps les plus reculés. La sagesse védique, en plus de ses livres principaux, comporte aussi **six angas**, ou appendices, dont le **Jyotish** – l'astronomie et l'astrologie.

Jyotish (littéralement « lumière ») décrit les planètes, les étoiles et autres corps célestes. Les astronomes de l'Inde antique divisaient le ciel en douze parties appelées *rashis* (constellations). Chaque *rashi* s'est vu attribuer un nom en fonction de la forme à laquelle il ressemble. À titre d'exemple, ayant la forme d'un bélier, le premier signe fut appelé Mesha, ou Bélier selon la terminologie occidentale. Citons aussi le Taureau (Rishabha) et le Lion (Simha). Quand un signe du zodiaque est visible à l'horizon du lieu de naissance à une heure précise, on dira du natif qu'il est né sous ce signe.

L'astrologie védique comporte cinq subdivisions fondamentales : *jataka* (le thème natal), *prashna* (la divination), *varshaphala* (les prédictions), *muhurta* (l'astrologie « élective ») et *yatra* (l'astrologie profane). Chacune de ces subdivisions a ses propres méthodes de calcul pour l'interprétation des données.

Les méthodes de l'astrologie védique diffèrent de celles de l'astrologie occidentale, bien qu'il y ait des points communs et une certaine corrélation entre les deux. Chacune des deux écoles excelle également dans des domaines particuliers. L'astrologie occidentale, selon certains, définit plus clairement les différentes configurations psychologiques alors que l'astrologie védique prédit événements et circonstances avec plus de justesse.

Il est dit qu'un astrologue védique qualifié peut déterminer des faits spécifiques concernant le karma d'une personne (ses actes passés) et, par conséquent, son destin. Deux points sont importants dans ce contexte. Premièrement, les astrologues védiques qualifiés sont rares de nos jours (cette science requiert des années d'étude et une sagesse intuitive). Deuxièmement, les *vaishnavas* se servent généralement de l'astrologie comme d'une science auxilliaire au savoir reçu des Védas. Ils considèrent l'astrologie comme une aide, et non comme la source ultime du savoir. Pour les *vaishnavas*, Krishna est maître de tout. Il respecte le libre arbitre de chaque être vivant, de sorte que le destin peut être modifié.

APPLICATION ASTROLOGIQUE

Un aspect important de l'astrologie est appelé *muhurta*, ou « heure indiquée pour entreprendre une activité ». À titre d'exemple, il existe des heures favorables ou défavorables à la mise en marche d'une entreprise commerciale ou à la célébration d'un mariage. Aujourd'hui, l'université hindoue de Bénarès comporte un département *jyotish* dont les bureaux produisent un calendrier astrologique annuel, que tous les hindous utilisent pour déterminer les dates exactes des jours saints et des heures préconisées pour les cérémonies officielles.

Les divinités védiques qui président les différentes planètes sont : Budh (Mercure), Sukra (Vénus), Chandra (Lune), Mangal (Mars), Surya (Soleil), Guru (Jupiter), Sanee (Saturne), Kethu (Nœud lunaire sud), et Rahu (Nœud lunaire nord).

Le mantra Gayatri

Depuis des **millénaires**, les brahmanes récitent le mantra Gayatri sur les berges des rivières **sacrées** de l'Inde. Imaginez un saint homme assis dans la position traditionnelle du lotus, le regard posé sur les vagues sans nombre du Gange. Enroulant autour de son pouce le fil sacré *(upavita)* sur lequel est récité le **mantra**, il murmure des sons sacrés que seuls le Seigneur et lui peuvent **entendre**. Nous parlons ici du **Brahma-gayatri** mantra, que connaissent tous les brahmanes et vaishnavas.

De nature confidentielle, le mantra Gayatri ne peut être reproduit ici. Les Écritures nous disent qu'à moins d'être reçu du précepteur qui le murmure à l'oreille droite du disciple, le mantra s'avère inutile. Ce mantra, qui rend hommage au soleil, est récité trois fois par jour : lorsque le soleil se lève, quand il se trouve au zénith et à son coucher. Dans la tradition *vaishnava*, le soleil représente Dieu car, comme Lui, il illumine tout.

Les *gaudiyas vaishnavas* récitent plusieurs mantras Gayatri. En plus du Brahma-gayatri, ils récitent deux prières au guru, deux prières à Chaitanya Mahaprabhu et deux autres à Krishna. Quoique les *vaishnavas* considèrent ces sept mantras comme des Gayatris, ils ne le sont pas tous en principe. Car pour l'être, un mantra doit contenir les mots *vidmahe* (l'approche), *dhimahi* (la voie) et *prachodayat* (le but). Fait intéressant, ceci aligne le mantra Gayatri sur le *Shrimad-Bhagavatam* (le plus important texte sacré des *vaishnavas*), dont les trois thèmes sous-jacents sont *sambandha* (vidmahe), *abhidheya* (dhimahi) et *prayojana* (prachodayat). Ainsi, le mantra Gayatri et le *Bhagavatam* ont-ils un but et un message communs : tous deux tracent la voie de la libération.

Quatre des sept mantras « Gayatri » récités par les *vaishnavas* sont donc des Gayatris dans l'acceptation la plus stricte du terme. Les trois autres mantras sont néanmoins tout aussi importants car l'un d'eux est une prière préliminaire au guru, le deuxième est une prière préliminaire à Mahaprabhu et le troisième est le mantra Gopal, considéré comme l'un des plus importants mantras de la *sampradaya* des *gaudiyas vaishnavas* puisqu'il établit la suprématie des *gopis* et de leur amour inégalé pour Krishna. Une profonde méditation sur tous ces mantras entraîne un état de conscience limpide et de pure vertu. Ce qui permet une récitation plus profonde du *maha-mantra* : Hare Krishna, Hare Krishna, Krishna Krishna, Hare Hare/Hare Rama, Hare Rama, Rama Rama, Hare Hare.

> « Je suis la syllabe om des mantras védiques. »
> – Shri Krishna, *Bhagavad-gita* 7.8

Selon les Upanishads, *om* est la représentation sonore du Suprême ; c'est le Brahman impersonnel sous forme de vibration. Quoique généralement le mot *om* (ou *a-u-m*) n'a pas de traduction distincte, il n'en revêt pas moins un sens profond pour les spiritualistes. Formé de la première (a) et de la dernière voyelle (u), ainsi que de la dernière consonne (m) de l'alphabet sanskrit, il est considéré comme le « mot par excellence », englobant « toutes les vérités que les mots peuvent exprimer ». De plus, il est dit que la lettre *a* représente l'éveil, la lettre *u* représente l'état de rêve et la lettre *m*, le sommeil profond. De sorte qu'*a-u-m* représente la totalité de la conscience.

Dans la tradition spirituelle de l'Inde, *a-u-m* est le *pranava* (*omkara*), ou la syllabe mystique, et revêt une signification distincte pour les *vaishnavas* : la lettre *a* (*a-kara*) désigne Krishna, l'origine sans commencement et la source de toute énergie ; la lettre *u* (*u-kara*) indique Radharani, la puissance de félicité spirituelle du Seigneur et l'incarnation de toutes les énergies divines ; et la lettre *m* (*ma-kara*) désigne tous les êtres vivants (*jivas*), qui sont censés employer leur énergie au service du Seigneur. *Om* représente donc aux yeux des *vaishnavas* la somme et l'essence de l'énergie spirituelle ainsi que la totalité de l'existence.

En récitant le mantra Gayatri, représenté dans sa forme personnifiée de Gayatri devi, Brahma fut à même de créer les multiples univers.

Le Son

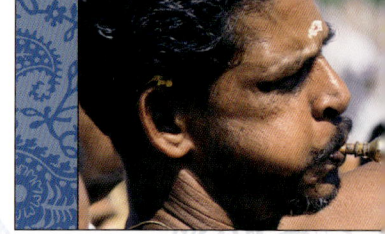

Certaines parties de la littérature védique sont presque des traités sur le son, expliquant comment utiliser le son comme **outil spirituel**. On retrouve d'ailleurs ce concept dans d'autres cultures. Les chroniques de nations aussi différentes que l'Égypte et l'Irlande nous parlent d'une époque ancienne où les **vibrations** sonores servant de fondement à l'univers furent utilisées par les spiritualistes pour le bien de l'humanité. Comme la Bible qui déclare : « **Au commencement était le Verbe** » (Jean 1:1), les Écritures vaishnavas affirment elles aussi que l'entière création cosmique s'amorce avec le son : « Sa parole engendra l'univers. » (*Brihad-aranyaka Upanishad* 1.2.4) Le *Vedanta-sutra* ajoute que l'ultime libération procède aussi du son *(anavrittih shabdat)*.

Le son primordial est appelé Shabda Brahman : Dieu sous forme de parole. Étroitement lié à ceci est le concept de Nada Brahman : Dieu sous forme sonore. Le mot sanskrit *nada*, qui signifie « son », est lié au terme *nadi*, qui dénote le flot mouvant de la conscience – un concept qui remonte au *Rig Veda*, le plus ancien des Védas. Ainsi, la relation entre le son et la conscience est depuis longtemps documentée dans la littérature ancestrale de l'Inde. En fait, les textes védiques décrivent le son comme le moyen par excellence pour accéder à une conscience supérieure, spirituelle.

Les mantras, ou sons sacrés, servent à percer les niveaux inférieurs de conscience – sensoriel, mental et intellectuel – aux fins de purification et d'illumination spirituelle. Il a été démontré que le son de différentes lettres, spécialement les lettres sanskrites, affecte le mental, l'intellect et les nerfs auditifs de ceux et celles qui les chantent ou les écoutent. Les sept centres d'énergie *(chakras)* de la colonne vertébrale et les trois canaux praniques (qui véhiculent le *prana*) du corps subtil *(ida, pingala* et

sushumna nadis) réagissent tous aux mantras, élevant le pratiquant à des niveaux de conscience supérieurs.

LE MONDE INAUDIBLE DU SON

Bombardé par tous les sons imaginables, l'homme d'aujourd'hui n'entend plus vraiment. En fait, l'humain est physiquement incapable de percevoir certaines portions de la gamme de vibrations connues. Tout en étant extrêmement sensible aux ondes sonores d'environ 1 000 à 4 000 cycles par seconde (cps), l'être humain est pratiquement sourd au-delà de 20 000 cps. Le chat et le chien, par contre, peuvent entendre jusqu'à 60 000 cps, tandis que la souris, la chauve-souris, la baleine et le dauphin peuvent émettre et recevoir des sons bien au-delà de 100 000 cps.

Malgré notre incapacité à entendre certaines fréquences, notre ouïe est néanmoins supérieure à notre vue. Ce que Katherine Le Mee explique en détail dans son livre *Chant* (New York, Bell Tower Publishing, 1994, pp. 28-29) :

« L'ouïe… est reliée par l'expérience au cœur, et la musique comme le son nous touchent de façon très directe. Le visuel n'éveille pas en nous des résonances aussi profondes que les perceptions auditives. Ceci s'explique par le fait que notre appareil visuel possède un champ fréquentiel d'un peu moins d'un octave, allant de l'infrarouge à l'ultraviolet, tandis que notre appareil auditif jouit d'un champ de quelque huit octaves, approximativement 60 à 16 000 hertz, ou fréquence de vibrations par seconde. Nous percevons les fréquences acoustiques sous forme de tons et les fréquences lumineuses sous forme de couleurs. Les fréquences du champ visuel sont plus élevées que celles du champ auditif (de l'ordre de 10^{10}) et, c'est un fait bien connu, plus les fréquences sont élevées moins elles pénètrent un matériau donné. À titre d'exemple, un morceau de carton nous protégera aisément de la lumière, mais il faudra un mur épais pour empêcher le son de passer, et plus le ton sera bas plus il pénétrera en profondeur. Nous sommes très sensibles au son, non seulement à travers l'oreille mais la peau également. Et il affecte tous nos organes. »

La science démontre que les sens de l'être humain sont aussi imparfaits que limités, et qu'il existe un monde d'expériences sensorielles au-delà de la perception humaine. Les Écritures *vaishnavas* confirment les limitations des champs visuel et auditif de l'homme et détaillent les innombrables catégories de sonorités spirituelles.

LE CHANT
du saint nom

Krishna dit :
« Je n'habite ni le royaume spirituel,
ni le cœur des yogis, ô Narada ;
Je suis là où Mes dévots chantent Mon nom ! »

— *Padma Purana*

Les textes *vaishnavas* enseignent que tout comme on peut réveiller un dormeur en faisant du bruit ou en appelant son nom, l'humain peut être tiré de la torpeur de son conditionnement matérialiste en invoquant le nom du Seigneur. En fait, les principales traditions religieuses du monde s'accordent pour dire que c'est le chant du nom de Dieu qui confère l'illumination spirituelle et l'affranchissement du conditionnement matériel.

Mahomet conseille : « Célèbre le nom de ton Seigneur, le Très-Haut. » (*Coran* 87.1) Saint Paul dit : « Quiconque invoquera le nom du Seigneur sera sauvé. » (*Romains* 10:13) Bouddha déclare : « Tous ceux qui invoqueront mon nom avec sincérité me rejoindront après la mort, et je les mènerai au paradis. » (*Vœux du Bouddha Amida* 18) Le roi David enseigne : « Du lever du soleil jusqu'à son couchant, que le nom du Seigneur soit loué. » (*Psaumes* 113.3) Et les Écritures *vaishnavas* proclament : « Chante le saint nom, chante le saint nom, chante le saint nom du Seigneur, car en cet âge de querelle, il n'y a pas d'autre moyen, pas d'autre moyen, pas d'autre moyen pour accéder à l'illumination spirituelle. » (*Brihan-naradiya Purana* 3.8.126)

La glorification du saint nom est un sujet qui revient sans cesse dans la littérature des *vaishnavas* :

« Ô combien glorieux sont ceux dont la langue chante Ton saint nom ! Fussent-ils issus de familles de mangeurs de chiens, ils deviennent dignes de vénération. Ceux qui chantent le saint nom du Seigneur doivent s'être livrés à maintes austérités, avoir accompli mille feux sacrificiels et acquis toutes les vertus des Aryens. Pour pouvoir ainsi chanter Ton saint nom, ils doivent s'être baignés dans les saints lieux de pèlerinage, avoir étudié les Védas et rempli tous les devoirs prescrits. » (*Shrimad Bhagavatam* 3.33.7)

« Plein de félicité transcendantale, le saint nom de Krishna confère toutes les bénédictions, car Il est Krishna Lui-même, le réservoir de tous les plaisirs. Le nom de

Krishna est complet en lui-même et représente la forme essentielle de toutes les relations spirituelles. Ce n'est jamais un nom matériel et il n'est pas moins puissant que Krishna en personne. Ce nom n'est teinté d'aucun attribut de la nature matérielle puisqu'il est identique à Krishna. » (*Padma Purana* 3.21)

Puisque le chant du nom de Dieu est tant mis en valeur dans les textes *vaishnavas*, ceux qui l'adoptent en font le centre de leurs pratiques dévotionnelles. Ainsi, une profonde méditation et une grande émotion accompagnent le *japa* (la récitation à voix basse), le *kirtan* (le chant à voix haute) et le *sankirtan* (le chant collectif public). Lorsqu'on le pratique à la perfection, ce chant nous fait prendre conscience de la nature absolue de Dieu, à savoir qu'il n'existe aucune différence entre le *nami* (le dénommé) et le *nama* (le nom). L'absorption dans la nature absolue de Krishna et de Son saint nom est au cœur du mysticisme *vaishnava* et mène à l'amour de Dieu.

Après avoir été témoin des kirtans enthousiastes des *gaudiyas vaishnavas*, Norvin Hein – professeur honoraire à l'Université de Yale – en a capturé les éléments les plus émotionnels dans le texte qui suit :

« Dans de tels chants, chaque ligne est d'abord entonnée séparément par le chanteur, puis toute l'assemblée reprend après lui. Au fur et à mesure que le verset est ainsi répété, celui qui mène le chant accélère le tempo. Quand la cadence atteint son paroxysme, tout le groupe chante à tue-tête les versets à l'unisson et marque le rythme en battant des mains. La danse ondoyante des chanteurs devient alors de plus en plus effrénée. Les visages s'empourprent. Le son de carillon des petites cymbales en bronze des musiciens s'enfle avec les voix de plus en plus retentissantes des chanteurs, et perce les clameurs, jusqu'à un crescendo fracassant à vous couper le souffle. Le point d'explosion est atteint : les yeux brillent, les bouches sont grandes ouvertes, un frisson parcourt toute l'assemblée. Le Pouvoir, la Présence ont été ressentis ! » [1]

Note

1. *Norvin Hein, "Chaitanya's Ecstasies and the Theology of the Name", extrait de "Hindouism : New Essays in the History of Religions", 1976, pp. 22-23, Leiden : E. J. Brill.*

Le Maha Mantra

Les Écritures considèrent le maha-mantra Hare Krishna, ou «grand chant de la délivrance», comme **le plus puissant** de tous les mantras, car il possède la puissance de tous les autres conjugués.

Ce mantra se lit comme suit : Hare Krishna, Hare Krishna, Krishna Krishna, Hare Hare, Hare Rama, Hare Rama, Rama Rama, Hare Hare. La littérature védique le recommande particulièrement pour l'âge actuel dans les nombreux textes védiques et post-védiques comme le *Brahmanda Purana* ou la *Kalisantarana Upanishad*.

Ce mantra sacré se compose de trois mots : Hare, Krishna et Rama. «Hare» se rapporte au Seigneur Hari, un autre nom de Krishna indiquant qu'Il est à même d'éliminer les obstacles que pourrait rencontrer Son dévot. Dans un sens plus élevé, le mot «Hare» est «Hara» à la forme vocative. Mère Hara, ou Shrimati Radharani, incarne l'énergie féminine du Divin.

«Krishna» signifie «l'infiniment fascinant», c'est-à-dire Dieu dans Sa forme originelle. Étymologiquement, le mot *krish* indique l'aspect fascinant de l'existence du Seigneur et *na* signifie «plaisir spirituel». Lorsque le verbe *krish* est joint à l'affixe *na*, on obtient *krishna*, qui signifie «la Personne absolue, qui procure le plaisir spirituel à travers Ses attributs infiniment fascinants». Selon la sémantique sanskrite (*nirukti*), *na* indique aussi la capacité du Seigneur à mettre fin à la répétition des morts et des renaissances. Et *krish* est synonyme de *sattartha*, ou «totalité existentielle». Une autre signification du mot *krishna* serait donc : «le Seigneur qui personnifie l'existence sous toutes ses formes et qui peut aider les êtres vivants à surmonter les affres répétées de la naissance et de la mort».

«Rama» désigne à la fois Balaram (le frère aîné de Krishna) et Radha-

Ramana-Rama, un autre nom de Krishna qui signifie: «Celui qui est source de plaisir pour Shrimati Radharani». Ainsi le *maha-mantra*, formé uniquement des noms les plus confidentiels du Seigneur, incarne l'essence du Divin. Sous forme de prière, ce mantra se traduit de la façon suivante: «Ô Seigneur, ô divine énergie du Seigneur! Laissez-moi Vous servir».

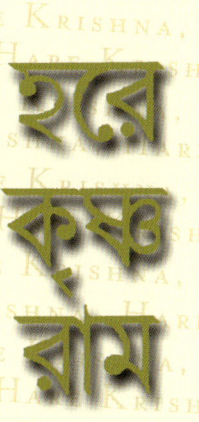

Ci-dessus: Radha et Krishna, le couple divin qu'invoque le maha-mantra.
À gauche: Krishna et Son frère aîné, Balaram.
Tout en haut: Shri Chaitanya chante le maha-mantra et danse avec Ses compagnons.

**Hare Krishna, Hare Krishna, Krishna Krishna, Hare Hare
Hare Rama, Hare Rama, Rama Rama, Hare Hare**

Postface
Le vaishnavisme gagne l'Occident

Il y a 500 ans, Shri Chaitanya avait prédit que dans chaque ville et chaque village du monde les noms de Krishna seraient chantés. Cette prédiction fut réitérée au début du XXe siècle par Shrila Bhaktivinode Thakur, qui prédit alors que bientôt « des russes, des européens, des américains et tous les autres peuples s'armeront de bannières pour glorifier Krishna et chanteront ensemble les noms de Hari. » L'Histoire rapporte en effet quelques tentatives pour introduire le vaishnavisme en Occident, notamment celles de Bhaktivinode lui-même, qui écrivit beaucoup en anglais et envoya plusieurs de ses livres en Occident.

Les « transcendantalistes américains », comme Emerson et Thoreau entre autres sommités, découvraient à cette même époque le sanskrit, langue des Védas, et des érudits traduisaient des textes de l'Inde en diverses langues occidentales. Une profonde appréciation de la culture orientale commença alors à gagner de nombreux pays situés à l'ouest du Gange, préparant ainsi le terrain à l'épanouissement d'une renaissance dévotionnelle.

Des recherches archéologiques ont mis en évidence que bien auparavant – au IIe siècle av. J.-C. – Héliodore, ambassadeur de Grèce, avait fait ériger une colonne en Inde centrale, avec une inscription sur laquelle il se disait *bhagavat*, c.-à-d. un dévot de Bhagavan. En d'autres mots, c'était un *vaishnava*. Thomas Hopkins, professeur de religion au Franklin and Marshall College, suggère que si Héliodore était un dévot occidental de Krishna, il y en avait assurément beaucoup d'autres. Ainsi, l'interaction entre le *vaishnavisme* et l'Occident a-t-il une histoire aussi longue que remarquable.

Ce n'est pourtant qu'à l'ère moderne que l'âme de la culture orientale gagna l'Occident. D'abord lentement avec les grands poètes, écrivains et philosophes européens, puis avec les premiers « transcendantalistes » américains (et leurs disciples « beatniks »), le bouddhisme et l'hindouisme devinrent des curiosités à travers l'Occident au tournant du XXe siècle. Mais à ce jour, ces religions qui se propagent en Occident ont été grandement dénaturées par certaines notions de ce qu'on appelle désormais le « Nouvel Âge ». Des auteurs aussi respectés que Donald Lopez et Huston Smith se lamentent que les versions occidentales du bouddhisme et de

De gauche à droite : Shrila Bhaktivinode Thakur, Shrila Bhaktisiddhanta Sarasvati Thakur et Shrila Bhaktivedanta Swami Prabhupada.

l'hindouisme aient rejeté beaucoup de valeurs et de pratiques traditionnelles au profit de techniques adaptées au goût moderne et de préceptes spirituels de compromis. Par conséquent, selon les experts, le bouddhisme et l'hindouisme sont devenus en Occident des religions pratiquement différentes de ce qu'elles étaient originellement. Dans une large mesure, les pratiquants orthodoxes de l'Orient reconnaissent à peine leurs traditions dans le yoga hindou et la récitation de mantras bouddhistes désormais populaires en Occident.

Et bien que l'étude poussée du *vaishnavisme* soit maintenant plus répandue que jamais, grâce à des cours de *Bhagavad-gita* et de spiritualité *vaishnava* dans plusieurs universités prestigieuses, les étudiants qui suivent ces cours deviennent rarement des dévots de Krishna, se contentant d'observer de l'extérieur. Il est vrai que des membres de différentes lignées *vaishnavas* sont sporadiquement venus en Occident, mais peu de ces sadhus audacieux ont laissé une impression durable ou ont réussi à transplanter la tradition dans son intégralité. Shrila Bhaktisiddhanta Sarasvati Thakur, le guru de Srimad A.C. Bhaktivedanta Swami Prabhupada, a lui-même envoyé plusieurs de ses disciples en Europe et en Amérique dans les années trente. Mais il dut reconnaître que ceux-ci n'étaient pas à la hauteur de la tâche et que le terrain n'était pas encore propice.

Tout cela allait changer en 1965 lorsque Shri Shrimad A.C. Bhaktivedanta Swami Prabhupada établit le *vaishnavisme* en Occident. Shrila Prabhupada accomplit ce que nul autre avant lui n'avait réussi : apportant avec lui la culture *vaishnava* dans son intégralité, il l'a implantée dans le cœur des Occidentaux tout en donnant de l'ampleur au mouvement en Orient. Il l'a fait tout seul, incarnant la pure dévotion et une érudition incomparable. Sa compassion lui permit de venir en aide aux hommes, femmes et enfants du monde entier. Sa mission continue aujourd'hui de se développer à travers temples, centres ruraux, écoles, restaurants et maisons d'édition de par le monde.

L'œuvre d'Héliodore et d'autres comme lui n'est plus qu'un vague souvenir ; la poésie des transcendantalistes et de leurs disciples n'a présenté qu'un dérivé expurgé de la véritable culture védique ; et l'œuvre missionnaire des *vaishnavas* qui ont précédé Shrila Prabhupada n'eut pas l'effet escompté. Prabhupada, par contre, a réussi l'impossible. C'est lui qui transforma la prédiction de Shri Chaitanya en une réalité tangible et bien établie.

Remerciements

Traduction : Denis Bernier, Jean-Claude Emériau
Correction de l'édition française : Jyotirmayi Dasi
Coordination de l'édition française : Lucie Deveault
Directeur de publication : Brahma Muhurta Das
Maquette initiale et mise en page : Ian Szymkowiak (Palace Press International)
Assistants maquettistes : Chris Bryant, Alan Hebel (Palace Press International)
Documentation iconographique : Barbara Berasi-Rosen
Mise en page additionnelle : Tatiana Slobodanac
Assistants de documentation iconographique : Nagaraj Das, Tridham Das, Yamaraj Das
Correction de l'édition anglaise : Gopiparanadhana Das, Dravida Das, Barbara Berasi-Rosen
Maquettes cartographiques : Barbara Berasi-Rosen

Photographes du Bhaktivedanta Book Trust : Bhargava Das, Govinda Das, Murlivadana Das, Nitya-tripta Dasi, Vishakha Dasi, Yadubar Das, Yamaraj Das.

Artistes du Bhaktivedanta Book Trust : Baradraj Das, Charuhasa Das, Devahuti Dasi, Dhriti Dasi, Dinabandhu Das, Dirgha Dasi, Jadurani Dasi, Jagat Karana Dasi, Janmanalaya Das, Jaya Rama Das, Murlidhar Das, Pandu Das, Pariksit Das, Pushkar Das, Ramanath Das, Ramdas Abhiram Das, Ranchor Das, Sulakshman Dasi, Vajra Lakshmi Dasi.

L'éditeur remercie les photographes, les peintres et les différentes organisations qui l'ont autorisé à reproduire les clichés et illustrations de ce livre :

Angelo F. Dinoto (Amritamsa Das) (www.starprojectdesign.com/dinotosite/dinoto.html), photos de la couverture et des pages : 3, 4H, 5BG, 8B, 8G, 9BD, 10G, 11H, 11BG, 32G, 33HD, 104, 120G, 130, 131, 134G, 134HD, 146H, 146C, 153, 169, 174, 175, 184HD (© Mandala Publishing)
(Abréviations : **B** – bas ; **C** – centre ; **H** – haut ; **G** – gauche ; **D** – droite)

Indra Sharma, l'art des pages : 20C, 25HD, 36G, 37, 50B, 54, 55C, 55BD, 64G, 76G, 77, 126B, 147B (© Mandala Publishing)

B. G. Sharma, l'art des pages : 26G, 27B, 28B, 79H (© Mandala Publishing)

Mandala Archive, photos des pages : 113B, 115BG, 168G (© Mandala Publishing)

Helmut Kappel, photos des pages : 67BD, 170 HC, 171BD

Tous les efforts ont été faits pour retrouver les ayant droits. Toutefois, si quelques omissions subsistaient, nous serons heureux de réparer cette erreur dans une prochaine édition.

L'auteur

Steven J. Rosen fut initié en 1975 à la tradition ésotérique du vaishnavisme gaudiya par le très estimé maître vaishnava Shri Shrimad A. C. Bhaktivedanta Swami Prabhupada. Celui-ci donna à Rosen le nom de Satyaraja Das, qui signifie « serviteur du Roi de la Vérité ». Conformément à cette vérité, Rosen a écrit 20 livres sur la spiritualité des Indes orientales et est depuis une douzaine d'années le rédacteur en chef du *Journal of Vaishnava Studies*. Parmi ses plus récents ouvrages, on retrouve *Gita on the Green: The Mystical Tradition Behind Bagger Vance* (New York: Continuum International, 2002) ; *Holy War: Violence and the Bhagavad-Gita* (Virginia: Deepak Heritage Books, 2002) ; et *From Nothingness to Personhood: A Collection of Essays on Buddhism from a Vaishnava-Hindu Perspective* (New York: FOLK Books, 2003).